日本語の発音教室
Introduction to Japanese Pronunciation

理論と練習
Theory and Practice

窪薗晴夫　監修

田中真一・窪薗晴夫

目的・対象

　この本は、おもに日本語を外国語として学んでいる人達と日本語教師を目指している人達を対象に、音声を聞きながら独学で日本語の発音と音声学・音韻論の基礎を学ぶことができるように編纂された本です。音声学・音韻論の基本的知識を通して日本語の発音を学び、また、日本語の発音を学びながら音声学・音韻論の知識を身につけるということを目標としています。音声学や音韻論の基礎を解説していますので、言語学や国語学を専攻する人達の音声入門教材としても使えるものと思います。

　上記の目標を達成するために、次の三点を特に重視しました。一つは、日本語がアジアや欧米などの諸言語とどのように異なっているかを明らかにすることです。この視点から日本語の音声現象と音韻構造を分析し、音声学の基本的な概念を説明しながら日本語音声のおもな特徴を解説しました。二つ目はこの問題と関連して、日本語の自然な発音にとって何が大切であるか、日本語学習者がどのような点で間違いやすいかを明らかにすることです。日本語の発音には長音や促音といったモーラ・リズムの問題や、複合語アクセントをはじめとするアクセントの問題など、日本語学習者にとって共通して難しいと思われるポイントがあります。本書はこのような共通の問題点に焦点をあてて、日本語の音声現象と音韻構造を解説してみました。さらに、発音の学習を通して日本語文化に触れるということも、この教科書で重視したところです。諺や歌、俳句、川柳、早口言葉、漫画などを例文や練習問題に積極的に取り入れました。このような題材を使って、楽しく日本語の発音を学んでもらえたらと思います。

構成

　本書は四つの章から構成されています。「母音と子音」と題する第1章では、人間が音声を発する仕組みを解説した上で、日本語の母音と子音の特徴を述べました。この章では「風、車─風車」や「一本、二本、三本」のように、同じ単語が異なる語の中で発音を変える現象も解説しています。続く第2章では撥音や促音といった、いわゆる特殊拍（特殊モーラ）の問題をとりあげ、日本語のリズムの基本を解説しました。

　第3章では特殊拍と並んで日本語音声を特徴づけているアクセントをテーマに取り上げました。アクセントとは外来語アクセントや複合語アクセントなど、語に備わった発音の特徴を意味します。これらの特徴を決定する規則は思ったよりずっと単純なもので、その規則を体得できれば日本語の発音が飛躍的に自然なものとなります。アクセントは日本語の中でも方言によって大きな違いが見られますが、本書で取り上げているのは共通語（東京方言）のアクセントです。

　最後に第4章では、文を発音するときに現れるイントネーションの現象を取り上げました。イントネーションと言えば、疑問文では文末を高く発音するという規則が有名ですが、それだけではありません。同じ疑問文であっても、どの語をどのくらい高く（あるいは低く）発音するかによって文の意味が変わってきますし、また話者の感情や気持ちも変わってきます。この構造をしっかり理解しておくことが、自然な発音にとって非常に大事なことなのです。

　以上の四つの章は、発音の小さな単位から大きな単位へと順番に並べられていますが、この順番で読まなくてはいけないというわけではありません。自分の関心のあるテーマを扱った章、あるいは自分が苦手とする問題を論じた章から読み始めてみて下さい。

音声データと練習問題

　読者が独学で日本語の発音・音声をマスターできるように、本書には数多くの練習問題と発音の音声データを用意しています。音声・発音の学習にとって重要なことは、本を読んでただ内容を理解することではなく、どのように発音されているかを実際に自分の耳で聞きながら、声を出してその発音をまねてみることです。ウェブサイト（次ページ）に置かれた音声データを何回も聞いて、声を出して発音してみることが上達の第一歩です。各節の最後に付けてある練習問題も、そのために活用してほしいと思います。

　音声データには、本文中で取り上げた用例と練習問題が吹き込まれています。この音声データに吹き込まれている語や文は、網をかけてあります。トラックは各章の節ごとに区切られており、『T2　0:24』や『T8　1:33』などの記号は、それぞれの語や文が、『トラック2の24秒』、『トラック8の1分33秒』に吹き込まれている、ということを表しています。

　発音をマスターするだけでは物足りないという人のために、各章末に読書案内をつけました。日本語の発音に関する基本的で本格的な参考文献をあげましたので、自分にとって読みやすいと思われる本から読んでみて下さい。

（※本書は、第13刷より音声CDにかえてウェブサイト上で音声を提供することになりました。）

＊＊＊＊＊＊＊＊＊＊＊＊

　本書は、第1章の原稿を窪薗が、第2章〜4章の原稿を田中が執筆し、お互いの原稿を査読する形で改稿を重ねました。本書の刊行にあたっては、山本武史氏と池谷知子さんに、それぞれ原稿の検閲と音源の作成でお世話になりました。また、くろしお出版編集部の方々、とりわけ狩野晶子さんには出版に関する助言をいただきました。ここに記してお礼申し上げます。

1999年3月大阪箕面にて

著者一同

🔊 音声について
おんせい

こちらのウェブサイトで音声を聞きながら
練習してください。

■音声ウェブサイト

https://www.9640.jp/books_176/

■パスワード

hatsuon76K

⚠ 無断でウェブにアップロードすることは違法です。

※本ページのデータは、図書館の館内または館外貸し出しなどで、
本書を一時的に利用する方もお使いいただけます。
他のサイトへの転載・リンク、本書使用以外での利用を禁じます。

もくじ

第1章

母音と子音

　人間は息をして生きています。生きるためには息をすることが必要であり、息が止まることは生きることが終わることを意味します。しかし人間が息をするのはただ生きるためだけではありません。息をするという活動を利用して、音声を作り出し、音声による意思伝達（コミュニケーション）を行っているわけです。では、人間は具体的にどのようにして音声を作り出しているのでしょうか。この章では、人間が音声を作り出す仕組みを学んだ上で、日本語の**母音と子音**の特徴を考えてみることにします。

1.1　発音のメカニズム

1.1.1　発音器官

　人間が音声を産出（さんしゅつ）する活動の出発点は、肺（はい）などの呼吸器（こきゅうき）を使った呼吸活動にあります。人間は生きるために空気を吸っており、それによって体内に酸素（さんそ）を送っています。体内に酸素を送る一方で、体内の二酸化炭素（にさんかたんそ）を体外に出すわけですが、この体外へ空気を出す運動をうまく利用して、人間は音を作り出すのです。その意味において、音声を作り出すことは、二酸化炭素を含んだ空気(不要品)のリサイクル活動と言うことができます。

　音声を作り出すのに必要な空気は、肺から気管（きかん）を通って口(＝**口腔**コウコウ、コウクウ)や鼻(＝**鼻腔**ビコウ、ビクウ)へと進みます(図1参照)。気管と口腔・鼻腔の途中にあるのが**喉頭**（こうとう）(＝のど)です。

1	鼻腔	9	口蓋垂（こうがいすい）
2	口腔	10	咽頭（いんとう）
3	歯	11	声帯
4	唇（くちびる）		声門
5	舌（した）	12	喉頭
6	歯茎（しけい）	13	気管
7	硬口蓋（こうこうがい）	14	食道（しょくどう）
8	軟口蓋（なんこうがい）		

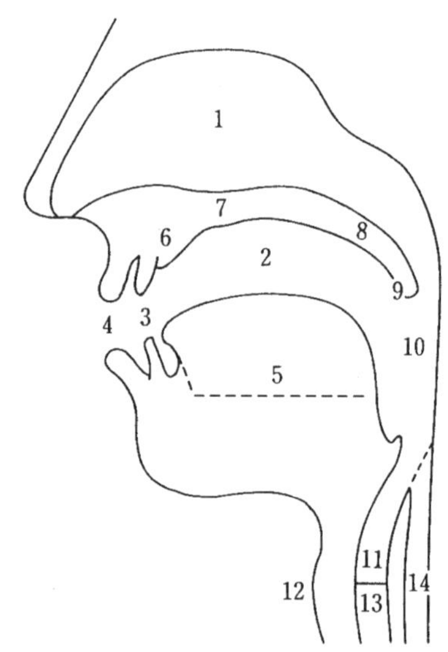

●**図1　発音器官**(organs of speech)

　図1の発音器官（きかん）は、横(左側)からレントゲン写真を撮（と）ったときの人間の顔の形です。空気の流れをまとめると(1)のようになります。

● 空気の流れ

(1)　肺 → 気管 → 喉頭 → 口腔・鼻腔

1.1.2　喉頭の働き

　肺→気管→口・鼻という空気の流れの中で、まず重要な働きをするのが喉頭です。喉頭の中には**声帯**(vocal cords)と呼ばれる左右対称の帯があります。長さ1センチほどのこの器官は、音声を作り出す上で非常に重要なもので、特に(i)声を作ることと、(ii)声の高さを調整することの二つの働きをしています。

　声(voice)は、空気が気管から声門を通る際に、その圧力を受けて声帯が振動することによって作り出されます。声帯の振動が空気の振動となって伝えられるのです。人間は音を発する際に、この声帯を振動させたりさせなかったりすることによって、**有声音**と**無声音**の区別を作り出します。有声音には[a]や[i]などの母音と[b]や[m]などの子音が含まれます。指をのどにあてたまま[a]という母音を長く発音してみると、声帯の振動を感じることができます。一方、無声音は声帯が振動せずに作り出される音で、[p]や [k]、[s]などの子音が代表的なものです。声帯が振動しないことは、指をのどにあてて [s]という音を長く発音してみるとよくわかります。[a]を伸ばした場合とは違い、声帯の振動が感じられません。試しに、自分ののどに指をあてて、次の音を長く発音してみて下さい。

(2)　　a. 有声音　　　[a]、[z]

　　　　b. 無声音　　　[s]、[f]

　通常、すべての母音と半数(以上)の子音が有声音です。つまり、人間が作り出す音の大半が有声音ということになります。しかし、声帯を振動させる／させないという操作によって、[b−p]、[d−t]、[g−k]のような有声音と無声音の区別ができるようになるということは重要なことであり、これにより人間が作り出す音の数が格段に増えることになります。

　声を作り出し、有声音と無声音を区別するという働きに加えて、声帯は**声の高さ**(＝ピッチ、pitch)を調整する機能も果たしています。声帯は「振動させる／させない」という単純な操作だけでなく、振動させる場合に「どのくらい振動させるか」という調整も可能です。この二つ目の操作によって調整されるのが声の高さです。声帯が振動すればするほど声は高くなり、逆に振動数が少なくなればなるほど声は低くなります。同一人物であれば、肺からの空気の圧力を高めることによって声帯の振動数を増やすことができ、またその圧力が一定でも、声帯を引っ張る(緊張させる)ことによって声帯が振動しやすくなります。声帯を伸ばす操作は輪ゴムを引っ張る操作と同じで、同じ長さの声帯（輪ゴム）でも強く引っ張られるほど細くなり（つまり緊張し）、振動しやすい状態が作り出されるのです。

1.1.3　調音

　喉頭を通ったばかりの空気の流れには有声と無声の区別があるだけで、[a]と[i]や、[d]と[z]などの区別はありません。つまり、大半の音の違いはまだ作り出されていないのです。具体的な音の区別が作り出されるのが喉頭より上の部分（つまり口や鼻）です。[a]－[i]や[d]－[z]などの区別を作り出すこの過程を**調音**（articulation）または構音と言います。中でも、口の中における舌や唇の活動は重要で、母音と子音の違いをはじめとする音の対立の多くが、これらの発音器官の働きによって作り出されます。

練　習　問　題

1. のどに指をあてて次の音を何回も発音し、有声音か無声音かを判断してみましょう。

- a. [a]
- b. [b]
- c. [t]
- d. [z]
- e. [i]
- f. [m]
- g. [s]

2. のどに指をあてながら、次の音を2段階の声の高さ（高音、低音）で2回ずつ長く伸ばして発音してみましょう。

- a. [a]
- b. [i]
- c. [o]
- d. [z]
- e. [m]

1.2 母音

1.2.1 あいうえお

　人間の言語には**母音**（vowel）と**子音**（consonant）の二種類の音があります。母音とは、口を比較的大きく開けて作り出す音です。このとき声帯は振動し、空気が口から比較的自由に流れていきます。日本語には(3)の五つの母音があります。

(3)　　あ(a)、い(i)、う(u)、え(e)、お(o)

　「あ、い、う」の三つの母音を発音したときの口や舌の形を示すと、図2のようになります。これは人の顔を横(左側)からレントゲン写真で撮ったときの形です。

［a］　　　　　　［i］　　　　　　［u］

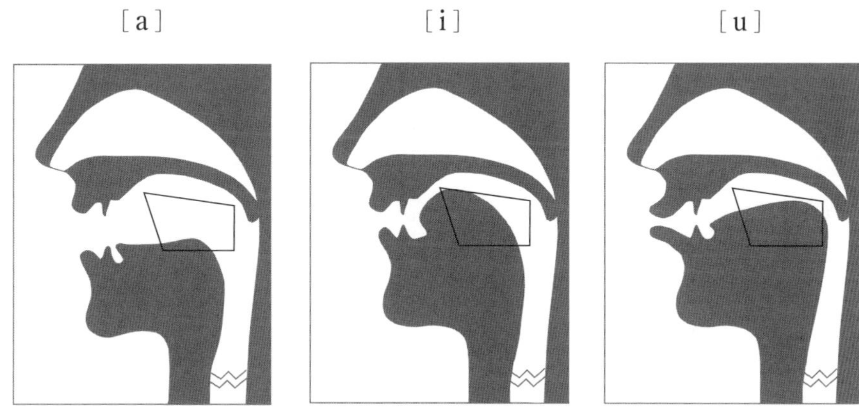

●図2 「あ、い、う」

　図2からもわかるように、「あ」は口を大きく開けて作り出す音です。これはびっくりしたときなどに自然に出てくる音で、たとえば「キャー」と叫び声や、「<u>あ</u>っと言う間に」、「相手を<u>あ</u>っと言わせる」などの慣用表現に出てきます（「キョー」という叫び声や「<u>う</u>っと言う間に」「相手を<u>い</u>っと言わせる」などの表現はありません）。

　これに対し、「い」と「う」は口を狭くして発音します。「い」と「う」の違いは二つあります。一つは、舌の前の方が高くなるか、後ろの方が高くなるかという違いです。「い」に比べ「う」は舌が後ろに引っ張られるのです。「い」と「う」のもう一つの違いは、唇の形の違いです。「う」の場合には、唇がやや丸くなり、前の方に少し突き出る形になります。「い」の場合には、唇は平たいままで、前の方に突き出ることもありません。次の例を繰り返し発音して、「い」と「う」の違いを実感してみましょう。

(4)　　a. いーう

　　　　b. うーい

　　　　c. 行く（iku）－浮き（uki）

　「え」と「お」の音は「あ」と「い」・「う」の中間の音です。「い」から口をもう少し開くと「え」になります。「う」から少しだけ口を開くと「お」になります。「お」は「え」に比べ唇が丸くなり、前の方に突き出る形になります。次の例を繰り返し発音してみましょう。

(5)　　a. あーえーい

　　　　b. いーえーあ

　　　　c. あーおーう

　　　　d. うーおーあ

　ところで、日本語の「う」については少し注意する必要があります。この母音は、英語などの[u]の音（たとえば *boots* の[uː]や *book* の[ʊ]）に比べ、唇がそれほど丸くならず、前の方に突き出る度合いも大きくありません。これと関連して、舌の位置も英語などの[u]に比べ、少し前の方に出てきています。唇の形でも舌の位置でも、「い」の音の方に少し近づいているわけです。日本の中でも特に東日本（たとえば東京）の方が、西日本（たとえば京都や大阪）よりもその傾向が強いと言われています。唇の丸みがとれると自然に舌は前の方へ移動しますので、実際に発音するときには唇をあまり丸くしないことを心がけるといいでしょう。唇をあまり丸くしないで、少しいい加減な感じで発音するわけです。(6)の例を発音してみて下さい。

T2　0:01

(6)　　うま（馬）　　うさぎ（兎）　　くも（雲）　　むし（虫）　　さる（猿）　　ミルク

　この「う」の母音に対してしばしば[ɯ]という音声記号が使われますが、これは必ずしも適切な記号ではありません。この[ɯ]という記号は、厳密に言うと唇の丸みをまったく持たずに、かつ、舌の位置が前の方へ移動していない母音を表したものです。日本語の「う」の音は唇の丸みを幾分残しており、また舌も前の方へ少し移動していますので、正確に言うと、この記号が意味している母音とは異なります。日本語教育の教材がこの記号を採用しているのは、日本語の「う」が英語などの[u]に比べ、唇の丸みがは

るかに少ないことを強調したいためと思われます。この違いを理解した上で、本書では
単純な表記法の[u]を採用することにします。

　以上述べたことをまとめると、図3のようになります。これは図2に示した口の開き
具合と舌の前後位置をまとめたものです。この逆台形は、人間が口の中で母音を作り出
す領域（母音空間）を表しています。人間に共通したこの空間を、日本語は「あ、い、
う、え、お」の五つに区切っているというわけです。

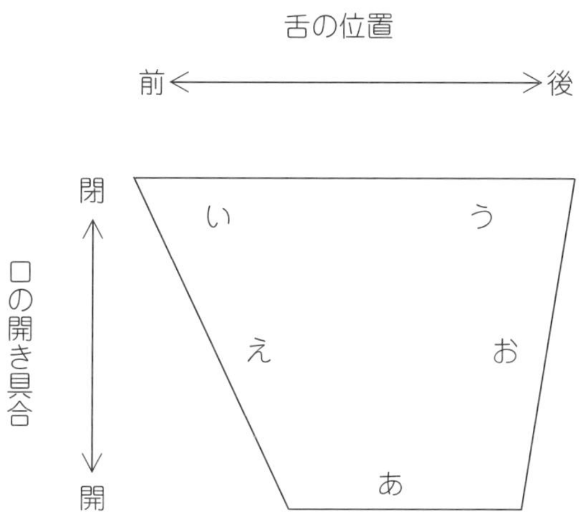

●図3　母音空間

1.2.2　母音の無声化

　1.1.2節で母音は有声音である、つまり喉頭（のど）の中にある声帯を震わせて作り出
す音であると述べました。しかし実際に日本語の単語や文を発音するときには、母音が
声帯の振動を伴わずに無声音として発音されることがしばしばあります。たとえば「き
く（菊）」の「き」や「食べています」の「す」は、「きば（牙）」の「き」や「家に住む」の
「む」とは違い、母音の[i]や[u]の発音が明瞭でなく、まるで母音が発音されていないよ
うに聞こえるのです。つまり「菊」が[k(i)ku]、「います」が[imas]というように聞こ
えます。これが母音の**無声化**です。ただし、母音がまったく発音されていないかという
と、そういうわけでもなく、口の中では舌が[i]や[u]の形をとっています。母音の発音
をしていながら、声帯が振動していない状態なのです。

　無声化は無声子音と無声子音の間に挟まれた母音に起こりやすいことから、もともと
有声である（＝声帯が振動する）はずの母音が、前後の無声子音に影響されて無声の状態

（＝声帯が振動しない状態）に変わる現象であることがわかります。このように前後の音に影響されて発音を変えてしまうことを同化（assimilation）と言います。同化は発音を楽にするために起こるものですから、楽に発音すれば自然にマスターすることができます。音声学では[kiku]、[imasu]のように、母音の下に小さな丸（。）を書いて母音が無声化していることを表します。アクセント辞典などでは「きく」のように、かな文字に点線の丸印がしてあることもあります。

　声帯を震わせて母音を発音するかどうかは、語の意味に違いを作り出すものではありません。つまり「菊」を[kiku]と発音しても、あるいは母音をしっかり有声化させて[kiku]と発音しても、「菊」を意味することに変わりはないのです。[kiku]（菊）と[kaku]（格）のような意味の違いを引き起こすものとは、根本的に異なる性格のものです。また、母音の無声化は方言ごとに大きな違いがあることも知られています。たとえば関東（東京）と関西（大阪、京都）を比べると、関東の方が関西よりはるかに母音が無声化しやすいという傾向が観察されます。同じ単語を発音する場合でも、東京の話者では無声化し、大阪の話者では無声化しないという場合が珍しくないのです。

　しかしながら、母音の無声化が日本語の発音にとって意味がないかというと、そういうわけでもありません。日本語を日本語話者（日本語母語話者）と同じように自然に、流暢に話すためには、無声化する母音をしっかり無声化して発音することが必要となってきます。幸いにも、母音がどのようなときに無声化しやすいかは、これまでの研究からかなりよくわかってきています。二つの大きな原則を(7)にまとめてみました。

● 二つの原則

(7)　　a. [i]と[u]の2母音は無声化しやすく、他の3母音は無声化しにくい。

　　　　b. 無声子音（カ行、サ行、タ行、ハ行、パ行の子音）の間に挟まれた母音や、無声子音の後ろにある語末の母音が無声化しやすい。

　(7a)にあげた母音間の違いを(8)の単語ペアを発音して実感してみて下さい。いずれのペアでも下線を引いた音節の[i]や[u]が無声化しやすくなります。母音が無声化しているかどうかは、自分ののどに指をあてて、声帯が震えているかどうかを確かめてみるとよくわかります。「欠く」や「格」の「か」では声帯の震えが指に伝わってきますが、「菊」の「き」ではそのような振動が伝わってきません。

T2　0:13

(8)　　a. きく（菊、聞く）－ かく（欠く、格）

　　　　b. がくせい（学生）－ がくもん（学問）

c.　ピカピカ － ポカポカ

　(7b)の傾向は(9)のようなペアを発音してみるとよくわかります。(9a～d)は無声子音に囲まれた[i]と[u]の例、(9e, f)は語末にくる[i]、[u]の例です。

T2　0:32

(9)　　a.　きく(菊、聞く) － きる(着る)

　　　　b.　あきかぜ(秋風) － あきばれ(秋晴れ)

　　　　c.　ふかふかの布団 － ぶかぶかの服

　　　　d.　くすり(薬) － ねむりぐすり(眠り薬)

　　　　e.　あき(秋) － あきばれ(秋晴れ)

　　　　f.　からす(烏) － からすみ

　母音の無声化が進むと、母音が完全に脱落する促音化の段階へ進んでいくことがあります(1.2.3節)。たとえば同じ「学」という要素でも、「学問」の「く」は母音をしっかり発音していますが、「学生」という語では同じ「く」が無声化し、さらに「学会」という語では母音が完全に脱落して促音の「っ」になってしまいます。このように、有声母音→無声母音→促音という順番に母音が弱くなっていくのです。「学生」の「く」を普通の有声母音で発音するとやや不自然に聞こえますし、「学会」を「がくかい」と発音すると、それはもう「学会」という語ではなくなってしまいます。このように母音の無声化や促音化は自然な発音にとって大切なものです。

　もっとも、母音が無声化するかどうかという境界と同じように、無声化と脱落(＝促音化)の境界も語によっては微妙になってくることがあります。たとえば「音楽会」は文字で書くと「おんがくかい」ですが、多くの人の発音では「く」の母音が無声化から脱落へと進んでいます。つまり「おんがくかい」と書くにもかかわらず、実際は「おんがっかい」と発音しているのです。これは丁寧な発音(無声化した「く」)と普通の発音(促音の「っ」)の交替を表しているとも言えます。

1.2.3　母音の挿入

　日本語は昔から、中国語や英語などの外国語から多くの単語を借用してきました。日本語が「子音(C)＋母音(V)」という単純な音節構造を基本としているのに対し、中国語では子音で終わる音節(つまり「子音＋母音＋子音」(CVC)という構造)が許され、また英語ではさらに、子音が連続する構造（CCやCCC）が許されています。このような複雑な音節構造を持つ語を借用する際に、日本語は「子音＋母音」という自分の音節構造を守ろうとし、子音1個に母音1個を与えることをやってきました。つまり**母音挿入**という操作により、CVCに対してはCVC<u>V</u>という語形を、CCVという構造に対してもC<u>V</u>CVという語形を作り出してきたわけです（下線部が挿入母音）。この操作は今でも続いており、英語などから新しい語が借用されるたびに、日本語の音節構造に合うように母音が挿入されています。

　そこで、「あいうえお」の中からどの母音を挿入するかという問題が起こります。結論から言うと、中国語から入った漢語では「う」か「い」のいずれか、英語などからの外来語では「う」「い」「お」のいずれかの母音が挿入されます。(10)にまず、漢語の例をあげます。漢語では「う」を基本としながら、一部に「い」が挿入されます。漢語の場合、母音が挿入されるかどうかは、次に来る音によって決まります。無声子音が後ろに続く場合には母音が挿入されずに促音（っ）となることが多いですが、その他の場合——つまり有声子音や母音が続く場合や語末に来る場合——には、母音挿入が起こるわけです。

(10)　a. gak 〜 gak<u>u</u>：がっこう（学校）− がくもん（学問）

　　　b. ket 〜 ket<u>u</u>：けっかん（血管）− けつえき（血液）

　　　c. sit 〜 sit<u>u</u>：しっそ（質素）− しつもん（質問）

　　　d. sit 〜 sit<u>i</u>：しっそ（質素）− しちや（質屋）

　　　e. sek 〜 sek<u>i</u>：せっけん（石鹼）− せきゆ（石油）

　　　f. sek 〜 sek<u>i</u>：せっけっきゅう（赤血球）− せきじゅうじ（赤十字）

　もっとも、母音が挿入される場合でも、その母音がいつも完全に発音されるわけではありません。前節で述べたように、語末に来る[i]や[u]は無声化する傾向があります。つまり、口は[i]や[u]の形になりますが、のど（声帯）は震えない無声の状態となるのです。このため「学問」の「く」は有声母音、「文学」の「く」は無声母音で発音されることが多くなります。

　英語からの借用語でも基本的に「う」の母音が挿入されますが、[t]と[d]という音の後ろには「お」の母音が、[tʃ]と[dʒ]の後ろには「い」の母音が挿入されます。「インキ」（*ink*）や「ケーキ」（*cake*）、「ストライキ」（*strike*）のように古い時代に借用された語では[k]の後ろにも「い」が現れることがあります。(11)の例を発音してみましょう（下線部が挿入母音）。

(11)　　英語　　　　日本語

　　　　a. mask　　－　masu̲ku̲（マスク）

　　　　b. mast　　－　masu̲to̲（マスト）

　　　　c. book　　－　buk̲ku̲（ブック）

　　　　d. street　－　su̲toriito̲（ストリート）

　　　　e. strike　－　su̲toraiku̲（（野球の）ストライク）

　　　　　　　　　　　　～ su̲toraiki̲（（労働者の）ストライキ）

　　　　f. lead　　－　riido̲（リード）

　　　　g. peach　－　piit∫i̲（ピーチ）

　漢語と同じように英語などからの外来語でも、挿入された母音が常に完全に発音されるわけではありません。日本語では[i]や[u]の母音が無声化しやすいために、挿入母音の無声化がしばしば起こります。たとえば「マスク」では真ん中の母音[u]が無声化して[masku]のように発音されるわけです。逆の見方をすると、外来語に母音が挿入されるときは、[i]や[u]のように無声化しやすい母音が挿入されるということになります。このように無声化しやすい母音を挿入することによって、外来語として借用された語の元の発音（中国語や英語などの発音）にできるだけ近い発音が作り出されるようになっているのです。

　ところで、日本語は英語や中国語などと比べて音節構造が単純であると述べましたが、日本語の中にも日本語学習者にとってやっかいな子音連続があります。「きゃ、きゅ、きょ」や「みゃ、みゅ、みょ」のような拗音（ようおん）と呼ばれる音です（1.3.7節）。たとえば「キャベツ」の「きゃ」は、[k]というカ行の子音と[j]というヤ行の子音が連続した構造を含んでいます。この子音連続の発音はなかなか難しく、たとえば英語を母語とする人は「きょ」という発音が苦手なようです。「きゃ」や「きゅ」は英語にも類似（るいじ）の音（たとえば *cat, cute* の出だしの音）がありますので上手（じょうず）に発音できますが、「きょ」という音は類似の音がないために、[k]と[j]の間に[i]という母音を挿入して、たとえば「きょうと（京都）」を「きようと」と発音する傾向があります。このような挿入母音が入らないように気をつける必要があるわけです。同じことが他の拗音にもあてはまります。「みょ」や「びょ」がそれぞれ「みよ」、「びよ」とならないように気をつけて下さい。

1.2.4 長音

　1.2節のはじめに、日本語の母音は「あいうえお」の五つであると述べましたが、本によっては5母音ではなく10母音と書いてあるものもあります。これは「あいうえお」の5母音に**長音**を加えたものです。長音とはカタカナで書いたときに「ー」という符号を付された音節のことです。この符号は**引き音**とも呼ばれ、すぐ前の母音を長く発音することを意味します。「あいうえお」の五つの母音はすべて長く発音することができますので、5の二倍で10個の母音があるとみることもできるわけです。

　たとえば「カーテン」の「カー」の場合には、「か(ka)」に含まれる母音「あ(a)」を長く発音します。つまり「カー」は「か＋あ」と発音されるわけです。ただし、「か」と「あ」の間には切れ目(ポーズ)はなく、連続して発音されます。発音記号で書くと[ka:]となります。(12)に同じような外来語の例をあげておきます。

(12)　カール　　　ビール　　　プール　　　セール　　　ボール

　長音はカタカナで書くと「ー」の記号をつけて表されますが、ひらがなで書くときは少し複雑です。「あ、い、う、え」の四つの母音を伸ばすときは「おか<u>あ</u>さん」「おじ<u>い</u>さん」「ゆ<u>う</u>べ」「おね<u>え</u>さん」のように「あ」「い」「う」「え」という文字が母音の長さを表す文字として使われます。また「お」の母音を伸ばす場合には、「大阪」や「多い」「大きい」などの一部の語を除いて、「う」という文字が使われるのが普通です。このため「おとうさん」と書いても、文字通り「トウ」と発音されるわけではないのです。この「お」の母音に続くときの「う」という文字は、「お」を長く発音したものですので気をつけて下さい。また「えい」や「けい」のように、「え」の母音に「い」の文字が続く場合も、[ei]という発音ではなく、長音[e:]と発音される傾向があります。(13a, b)にそれぞれの例をあげますので発音してみて下さい。

(13)　a. さと<u>う</u>(砂糖)　　さと<u>う</u>(佐藤)　　がっこ<u>う</u>(学校)　　お<u>う</u>さま(王様)

　　　 b. え<u>い</u>ご(英語)　　け<u>い</u>さん(計算)　　せんせ<u>い</u>(先生)　　こうて<u>い</u>(校庭)

　ちなみに、「さとうや」(砂糖屋)と「さとおや」(里親)の発音を比べた場合、前者の方が長音(長母音)で、後者では「と」と「お」の間に若干の切れ目がある感じで発音されます。

　長音は日本語らしい発音にとって非常に重要なもので、十分に長く発音することを心がけなければなりません。たとえば「ビール」という語は「ビル」という語より最初の母音が長く発音されます。つまり「ビル」が「ビ・ル」と二つ分の長さで発音されるのに対し、「ビール」は「ビ・ー・ル」と三つ分の長さで発音される感じです。この長さ（あるいはリズム）の単位としての長音については第2章で詳しく述べることにします。

1.2.5 母音の交替

　二つの単語が結合してできる複合語では、しばしば母音の交替（特に[e]と[a]の交替）が起こります。同じ語でありながら、その中の母音の発音が違ってくるわけです。少し厄介ですが、このような交替を示す語はそれほど多くありませんので、一つ一つ覚えるといいでしょう。ちなみに、(14b)の「上」という発音は[uwe]と発音されていたものから[w]が脱落したものです。

(14)　a. (ame)雨、雨降り、大雨 － (ama)雨宿り、雨漏り、雨戸

　　　b. (ue)上、上下、上様 － (uwa)上着、上靴、上役

　　　c. (tume)爪、爪痕、爪切り － (tuma)爪先、爪弾き、爪楊枝

　　　d. (kaze)風、北風、風通し － (kaza)風上、風下、風車

　　　e. (sake)お酒、甘酒、酒飲み － (saka)酒屋、酒盛り、酒場

　　　f. (kane)お金、金持ち、金儲け － (kana)金具、金物、金槌

　母音の交替は動詞の変化にも見られます。たとえば(15)に示した他動詞と自動詞の交替では(14)の複合名詞の場合と同じように[e]と[a]の間で交替が見られます。

(15)　　　他動詞　　　自動詞

　　　a. 上げる　　　上がる　　　（棚に上げる － 棚に上がる）

　　　b. 下げる　　　下がる　　　（価値を下げる － 価値が下がる）

　　　c. すえる　　　すわる　　　（机を据える － 机に座る）

　　　d. すてる　　　すたる　　　（プライドを捨てる － プライドが廃る）

　　　e. つたえる　　つたわる　　（話を伝える － 話が伝わる）

　(14)、(15)は和語（漢字の訓読み）に見られる母音の交替であり、漢語（音読み）に見られる(16)のような発音の区別とは別の現象です。後者は中国語に起こった発音の変化を

反映したもので、日本語で起こった変化ではありません。

(16) a. 言（げん〜ごん） ： 言語、発言 － 伝言、文言
　　　b. 京（きょう〜けい） ： 京都、東京 － 京浜、京阪
　　　c. 西（せい〜さい） ： 西部、西洋 － 関西、東西

T2　1:20

1. 母音の発音に注意して、次の諺を繰り返し発音してみましょう。

　　a. 口は災いの元　　　　　　　　b. 猿も木から落ちる
　　c. 情けは人のためならず　　　　d. 目は口ほどに物を言う
　　e. 論より証拠　　　　　　　　　f. 弘法も筆の誤り
　　g. 犬も歩けば棒に当たる　　　　h. 鬼に金棒

2. 次にあげる英語の単語は日本語ではどのように発音されるでしょうか。どこにどの母音が挿入されるか考えながら発音してみましょう。

　　a. accent　　　　b. speech　　　　c. desk
　　d. speed　　　　e. sheet　　　　f. sheets

3. 次の単語を母音の違いに気をつけて発音してみましょう。

　　a. 稲刈り － 稲穂　　　b. 上 － 上着　　　c. 金田 － 金井[人名]
　　d. 胸 － 胸毛　　　　　e. 木 － 木陰　　　f. 船 － 船乗り

1.3　子音

1.3.1　五十音図

　次に子音の発音を説明しましょう。子音は母音と違い、舌や唇を使って空気の流れを大きく妨げることによって作り出されます。子音は、空気の流れが口の中のどの部分で、どのくらい妨げられるかということによって、いくつかの種類に分類されます。日本語の基本的な子音は五十音図（ごじゅうおんず）に示されている(17)の子音です。

　(17)　か(k)、さ(s)、た(t)、な(n)、は(h)、ま(m)、や(j)、ら(r)、わ(w)

　(17)の中で、カ行とタ行の子音([k]、[t])は口の中で空気の流れが一瞬止まることによって作り出される**閉鎖音**（へいさおん）（別名**破裂音**（はれつおん））です。[k]では舌の後ろの部分が口の奥（軟口蓋（なんこうがい））に一瞬だけ接触（せっしょく）し、[t]では舌先が歯の裏側に接触します。英語の[t]とは異なり、舌先が歯茎（しけい）（＝はぐき）ではなく歯の裏側に接触することに注意する必要があります。

　日本語には、このほかに[p]という閉鎖音もあります。これはパ行（ぱぴぷぺぽ）の子音で、上唇と下唇が接触して閉鎖を作り出す音です。日本語では外来語や漢語の中に多く見られます（たとえば「プール」や「鉛筆（えんぴつ）」など）（詳しくは1.3.3節）。以上の三つの閉鎖音の調音方法を図示すると図4のようになります。

[p]　　　　　　[t]　　　　　　[k]

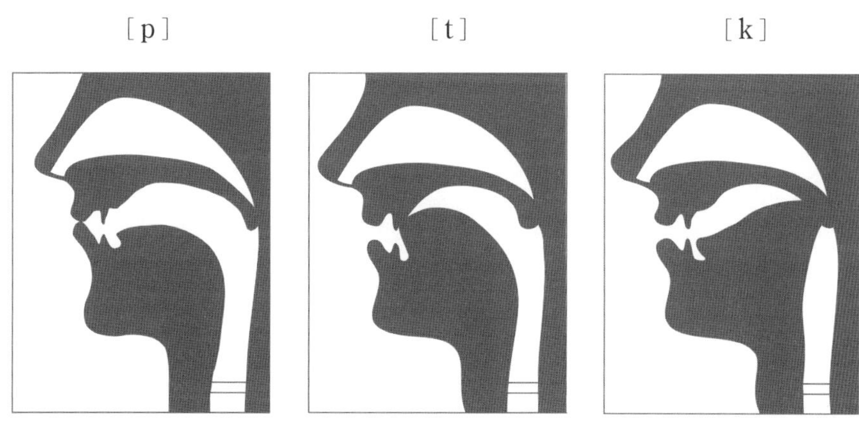

●図4　閉鎖音

　[p]、[t]、[k]という閉鎖音は、いずれも声帯を振動させずに作り出す子音（無声閉鎖音）ですが、声帯を振動させると[b]、[d]、[g]の有声閉鎖音となります。それぞれバ行、ダ行、ガ行の子音です。無声音と有声音のペアを聞いて、発音してみましょう。右

側の音がしっかり有声になる（声帯が震える）ことを確認して下さい。

(18)　　a.　パ(pa)－バ(ba)

　　　　b.　ト(to)－ド(do)

　　　　c.　ケ(ke)－ゲ(ge)

　次に**摩擦音**を見てみましょう。摩擦音とは空気が流れる道を非常に狭くして作り出される音で、少しだけ開いた窓からすきま風が生じる状態に似ています。(17)の中ではサ行とハ行の子音がこのタイプに属します。サ行の子音([s])は、舌の前の部分が歯茎に接近し、その間で摩擦を起こす音です。この状態で声帯を振動させるとザ行の子音([z])となります。図5に[s]と[z]の口の形を示します。同じサ行・ザ行でも、「し」と「じ」の子音は舌の前半部分が歯茎から硬口蓋の広い範囲に接近して摩擦を作り出します。これらの子音には[ʃ]と[ʒ]の記号が使われています([ʒ]は後述する破擦音の[dʒ]となることもあります)。サ行とザ行の子音と同じように、ハ行の子音も後ろにどの母音が来るかによって摩擦を起こす場所が変わってきます。このことについては後ほど説明します(1.3.4節)。

[s]/[z]

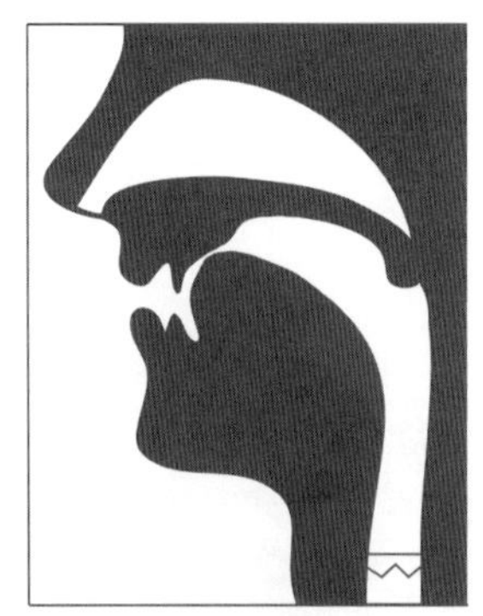

●図5　[s]/[z]

　日本語には閉鎖音(破裂音)と摩擦音が組み合わさった子音もあります。**破擦音**と呼ばれる音で、名前も破裂音の「破」と摩擦音の「擦」が組み合わさってできています。タ行の「ち」と「つ」の子音([tʃ]、[ts])が代表的なもので、「じ、ぢ」の子音([dʒ])と「ず、づ」の子音([dz])がその有声音にあたります(1.3.4節参照)。ただし有声音の方は、摩擦音([ʒ]、[z])と破擦音([dʒ]、[dz])の間で発音が揺れています。(19)の語を発音してみて下さい。

> (19)　a. <u>ち</u>から（力）　　こ<u>ち</u>ら　　　ま<u>ち</u>（町）
>
> 　　　b. <u>つ</u>ち（土）　　ま<u>つ</u>り（祭り）　　こた<u>つ</u>
>
> 　　　c. <u>じ</u>しょ（辞書）　か<u>じ</u>（火事）　　はな<u>ぢ</u>（鼻血）
>
> 　　　d. <u>ず</u>（図）　　　　<u>ず</u>けい（図形）　　ち<u>ず</u>（地図）

　ここまで、日本語の五十音図に現れる無声子音と、それに対応する有声子音について述べました。(17)の子音の中で、残っている子音はすべて有声の（つまり声帯が振動する）子音です。このうちマ行とナ行の子音（[m]と[n]）は**鼻音**または鼻子音と呼ばれる音で、文字通り、鼻の方に空気が流れていく音です。口の中を見てみると、それぞれ[p/b]、[t/d]という閉鎖音と同じように、唇や歯の部分で閉鎖が起こっています。つまり、口の中の閉鎖によって口から外に出ることのできなくなった空気が、鼻の方へ抜けてゆき、鼻腔内で共鳴することによって作り出されるのです。図6に[b]と[m]の調音方法を図示します。軟口蓋の動きによって、空気の流れが口の方へ流れるか（[b]）、鼻の方へ流れるか（[m]）が決まってくることがわかります。

［b］　　　　　［m］

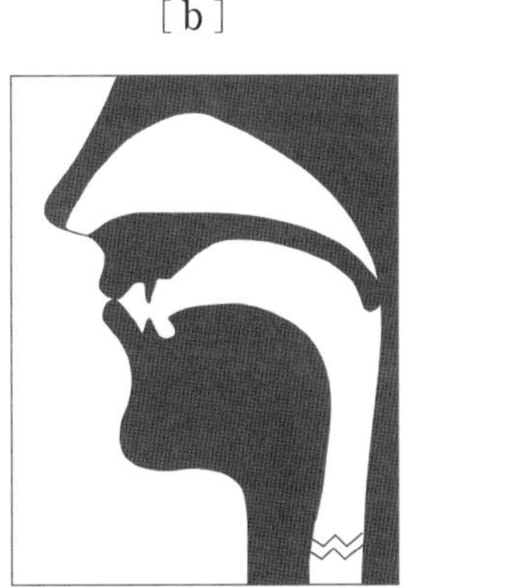 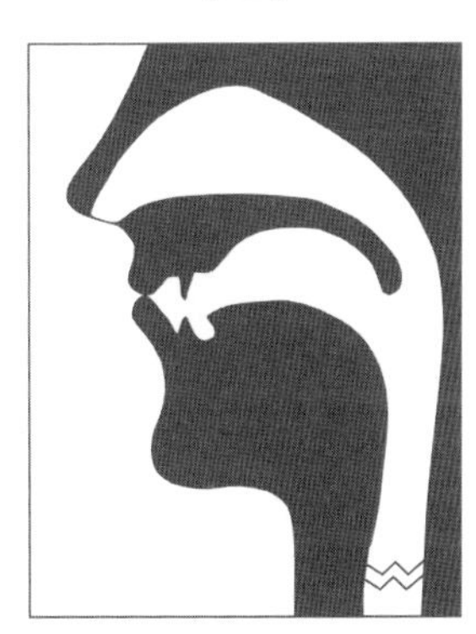

●図6　［b］と［m］

この二つの音をペアにして発音してみましょう。

(20)　　a. ばびぶべぼ － まみむめも

　　　　b. ボード － モード

　　　　c. 5<u>ば</u>ん（番） － 5<u>ま</u>ん（万）

　鼻音は口の中に閉鎖を作り出しているものの、鼻の方へは空気が自由に抜けていきます。空気が比較的自由に流れるということは、子音から母音に一歩近づいたことを意味しています。すべての母音が通常そうであるように、母音に近い子音も有声音として現れます。母音に有声と無声の対立がないように、[m]や[n]のような母音に近い子音にも有声と無声の対立がなく、通常は有声音として現れるのです。

　(17)の子音の中では、鼻音以外にもヤ行、ワ行、ラ行の子音(つまり[j]、[r]、[w])が母音に近い子音です。このうちヤ行とワ行の子音は**半母音**と呼ばれ、それぞれ「い」と「う」の発音から舌をもう少し上に上げることによって作り出されます。つまり「い」と「う」の発音より、もう少し口を狭めて、空気の流れるすき間を狭くするわけです——狭くすると言っても、摩擦が生じるところまで狭めるわけではありません。加えて、ワ行の子音は「う」と同じように少しだけ唇が丸くなります。英語の[w]の音(たとえば*will, window*)ほどには唇が丸くならないので注意が必要です。

　(21)のような音連続を何回も発音してみると、半母音と母音の違いがわかります。

T3　0:35

> (21)　a. やい[jai] － 愛[ai]　　　b. 笑う[warau] － 洗う[arau]
>
> 　　　c. 夢[jume] － 梅[ume]　　d. 渡る[wataru] － 当たる[ataru]

　最後に、日本語のラ行音はダ行音によく似た特性を持っています。ダ行の子音が舌の前の部分を歯の裏側に接触させるのに対し、ラ行の子音は舌の先端だけをもう少し後ろの部分(歯茎)に瞬間的に接触させます。接触する場所と方法(あるいは接触時間)が微妙に違うのです。日本語のラ行子音は英語の[d]の音(たとえば*dad, dog*)によく似ています。英語の*pudding*という単語が日本語では「プリン」という発音になっているのはこのためです。日本語の中でもラ行音はダ行音とよく似ているため、しばしば小さな子供は混同してしまいます。たとえば「どうして」を「ろうちて」と発音したりするのです。このような混同を防ぐためには、(22)のような単語を丁寧に発音してみるといいでしょう。

T3　1:01

> (22)　らくだ　　だらく(堕落)　　だらだら　　ありありと　　ルーレット

1.3.2 濁音

　五十音図の横軸にある「か、さ、た、な、は、ま、や、ら、わ」の音節は一般に**清音**と呼ばれています。このうちカ行、サ行、タ行、ハ行は、**濁音**と呼ばれる対応する音節を持っています。ガ行、ザ行、ダ行、バ行の音節です。ひらがなやカタカナのかな文字で書いてみるとわかるように、濁音は清音に濁点（ ゛）をつけて表されます。濁点のついた文字が濁音を表す、と言ってもいいでしょう。清音と濁音のペアでは、声帯（のどの部分）が震えない／震えるという違いがあります。つまり、濁音の子音が声帯を震わせるのに対し、それに対応する清音の子音は、声帯を震わせずに発音されるのです。カ[ka]－ガ[ga]やサ[sa]－ザ[za]のようなペアを発音して、この違いを実感してみて下さい。既に1.1.2節で述べたように、声帯が振動する音を有声音、振動しない音を無声音と言います。[k]や[s]は無声子音、[g]や[z]は有声子音ということになります。

　現在の日本語では清音と濁音が語頭にも語中にも現れ、意味の対立をなしています。つまり、清音の場合と濁音の場合とで違う意味の語になってしまうのです。(23)にいくつか例をあげておきます。実際に発音してみて、区別できるかどうか確認して下さい（これらのペアの中にはアクセントの違いを含むものもあります――詳しくは第3章を参照）。

T3　1:13

(23)　a. カ行 － ガ行：　川 － 側、缶 － 癌、金 － 銀

　　　　　　　　　　　　賭け － 影、混む － ゴム

　　　b. サ行 － ザ行：　猿 － ざる、朝 － あざ、菓子 － 火事

　　　　　　　　　　　　すす － 鈴、総理 － 草履

　　　c. タ行 － ダ行：　また － まだ、ふた － 札、塔 － 銅

　　　　　　　　　　　　トレイ － 奴隷、ボート － ボード

　　　d. ハ行 － バ行：　班 － 番、非行 － 尾行、分別 － 分別

　　　　　　　　　　　　へそ － べそ、本 － 盆

　清音と濁音は(23)のように二つの語を区別するだけでなく、音や様態を表す**擬声語・擬態語**（総称して**オノマトペ**）と呼ばれる副詞では微妙な感触の違いを表すこともあります。(24)の例からもわかるように、一般に清音は心地よい感じや軽い感じを、濁音は逆に不快な感じ、粗い感じを表します。

> (24)　a.　(肌が)さらさらしている － ざらざらしている
>
> 　　　　b.　するすると落ちる － ずるずると落ちる
>
> 　　　　c.　(汗が)たらたら流れる － だらだら流れる

　ところで、日本語には清音と濁音の区別があると述べましたが、すべての子音がこの対立に関わってくるわけではないのです。五十音図の中ではナ行、マ行、ヤ行、ラ行、ワ行の五つの子音(n, m, j, r, w)が対応する濁音を持ちません。これは「な」や「ま」などに濁点がつかない——つまり「な゛」「ま゛」という文字がない——ことからもわかります。なぜこれらの五つの子音に濁音がないか、あるいは「な」や「ま」に濁点がつかないかというと、これらの子音がすべて声帯を振動させて発音する有声音だからです。有声音／無声音というのは声帯を振動させる／させないという対立ですから、[n]や[m]のようにはじめから声帯を振動させる有声子音を、さらに有声音にすることはできないのです。このように見てみると、日本語の清音には[k]や[s]のような無声子音を含むものと[n]や[m]のような有声子音を含むものの2種類があり、前者だけが対応する有声音(濁音)を持っているということがわかります。

　(23)、(24)にあげた清音・濁音の区別は、どの言語にもあるわけではありません。英語をはじめとするヨーロッパの言語には同じような有声・無声の対立——たとえば *big* — *pig, die* — *tie* のような語の対立や、*advise*[z] — *advice*[s] のような交替——がありますので、そのような言語を母語とする人達にとって(23)、(24)のような語を区別することは比較的簡単です。これに対し、中国語のように有声・無声の対立のない言語を母語とする人にとっては、日本語の清濁の区別は予想以上に難しいものです。(23)、(24)のようなペアを、できれば文の中に入れて何回も繰り返し練習する必要があります。

　次に同じ単語が清濁の2種類の発音を持つ場合を見てみましょう。その単語だけを発音したときと、他の語と組み合わせて複合語を作った場合に、このような清濁の交替が生じます。複合語に見られる清音から濁音への変化を連濁と言います。(25)に代表的な例をあげておきましょう。

(25)　a.　かさ(傘) － あまがさ(雨傘)、あいあいがさ(相合い傘)

　　　　b.　さかな(魚) － なまざかな(生魚)、こざかな(小魚)

　　　　c.　たんす(箪笥) － ようふくだんす(洋服箪笥)、わだんす(和箪笥)

　　　　d.　はち(蜂) － みつばち(蜜蜂)、じょおうばち(女王蜂)

　　　　e.　くり(栗) － はまぐり(浜栗＝蛤)、あまぐり(甘栗)

　この連濁現象は普通の単語だけでなく、人名（山田、小川、野口など）や地名（宮崎県、山口県、神奈川県、千葉市、池袋、新宿など）をはじめとする、数多くの複合語で起こります。しかし、すべての複合語に起こるというわけではありません。いくつか起こらない、あるいは起こりにくい条件があります。その一つは、漢語や外来語では起こりにくく、日本語固有の語である和語に起こりやすいということです。(26)と(27)に漢語と外来語の例をあげておきます（本書では、*のマークは「起こらない例」「間違った例」を意味します）。

(26)　a.　し<u>け</u>ん（試験）：入学し<u>け</u>ん、*入学じ<u>け</u>ん（入学試験）

　　　b.　<u>は</u>（派）：社会<u>は</u>、*社会<u>ば</u>（社会派）

　　　c.　<u>と</u>う（党）：民主<u>と</u>う、*民主<u>ど</u>う（民主党）

(27)　a.　<u>カ</u>メラ：中古<u>カ</u>メラ、*中古<u>ガ</u>メラ

　　　b.　<u>セ</u>ール：年末<u>セ</u>ール、*年末<u>ゼ</u>ール

　　　c.　<u>テ</u>ープ：粘着<u>テ</u>ープ、*粘着<u>デ</u>ープ

　　　d.　<u>ホ</u>イル：アルミ<u>ホ</u>イル、*アルミ<u>ボ</u>イル

　もっとも、漢語や外来語で絶対に連濁が起こらないかというと、そういうわけでもありません。完全に日本語化した語は連濁する傾向があります。外来語では「カルタ」という語が「いろはガルタ」というように連濁しますし、また外来語よりも日本語の中で歴史の古い漢語には(28)のように連濁するものも少なくありません。

(28)　a.　<u>き</u>しゃ（汽車）：よ<u>ぎ</u>しゃ、*よ<u>き</u>しゃ（夜汽車）

　　　b.　<u>か</u>し（菓子）：わ<u>が</u>し、*わ<u>か</u>し（和菓子）

　　　c.　<u>さ</u>とう（砂糖）：くろ<u>ざ</u>とう、*くろ<u>さ</u>とう（黒砂糖）

　　　d.　<u>ひ</u>ょうし（拍子）：さん<u>び</u>ょうし、*さん<u>ひ</u>ょうし（三拍子）

　逆に、和語のように連濁を起こしやすい語種（語の種類）であっても、連濁を起こさない場合があります。たとえば、後部要素が既に濁音を含んでいる場合には、連濁を起こさないのが普通です。(29)に連濁を起こすものと対比して例をあげておきます（「火事」と「菓子」はともに漢語です）。

(29)　a.　ふだ（札）：ねふだ、＊ねぶだ（値札）

　　　　cf.　ふた（蓋）：うわぶた（上蓋）

　　　b.　かじ（火事）：おおかじ、＊おおがじ（大火事）

　　　　cf.　かし（菓子）：わがし（和菓子）

　　　c.　かぎ（鍵）：あいかぎ、＊あいがぎ（合い鍵）

　　　　cf.　かき（柿）：あまがき（甘柿）

　さらに複雑なものが、同じ要素を繰り返して作られる反復語（はんぷくご）です。このタイプの語では連濁を起こす(30)のような場合と、起こさない(31)のような場合の2種類があります。擬声語・擬態語は(31)のように連濁を起こさないことが多いようです。

(30)　　　かみがみ（神々）　　　きぎ（木々）　　　くにぐに（国々）

　　　　　くれぐれも　　　　　　さきざき（先々）　　しもじも（下々）

　　　　　すきずき（好き好き）　ひとびと（人々）

(31)　　　からから　　　　　さらさら　　　　　しくしく

　　　　　するする　　　　　ちらちら　　　　　はらはら

　もっともやっかいなのが、同じ要素でも起こったり起こらなかったりする場合です。たとえば同じ「かな」（仮名）という語でも、「ひらがな」では連濁を起こし、「カタカナ」では連濁を起こしません。ここまでくると、どのような場合に連濁が起こるか（あるいは起こらないか）を予測（よそく）することは非常に難しくなります。このように予測困難な例を人名・地名からいくつかあげておきましょう。

(32)　a.　おおはし（大橋）、たかはし（高橋）－　まえばし（前橋）、きょうばし（京橋）

　　　b.　おおかわ（大川）、みかわ（美川）－　おがわ（小川）、えがわ（江川）

　　　c.　あおき（青木）、ひろき（広木）－　おおぎ（仰木）、たかぎ（高木）

　　　d.　ひらた（平田）、いわた（岩田）－　やまだ（山田）、かねだ（金田）

1.3.3　半濁音

　日本語には濁音だけでなく**半濁音**と呼ばれる音もあります。パ行の音節（パ、ピ、プ、ペ、ポ）です。この音節に含まれる無声子音[p]は唇を閉じて発音される閉鎖音で、有声・無声という点では有声音の[b]と対応しています（1.3.1節）。ところが日本語の言語体系では、(33)の連濁の例からもわかるようにハ行音がバ行音と対応関係を示します。

(33)　a.　はたけ（畑）－ むぎばたけ（麦畑）

　　　b.　ふた（蓋）－ うわぶた（上蓋）

　　　c.　ほたる（蛍）－ げんじぼたる（源氏蛍）

　バ行音がパ行音ではなくハ行音と対立関係を示すのは、ハ行子音がかつて両唇閉鎖音の[p]、あるいは両唇摩擦音の[ɸ]（現在の「ふ」の音節に含まれる子音）であったという歴史的理由によります。つまり[p]の音が[h]の音に変わってしまったのです。この音変化の結果、[p]－[b]という対立が[h]－[b]という対立に変化してしまいました。この音変化は、語源を同じくする名詞と擬声語・擬態語のペア（たとえば「ひかり（光）」と「ぴかり」「ぴかっ」、「ひよこ」と「ピヨピヨ」）になごりをとどめています。名詞の方は[p]から[h]（正しくは次節で述べる[ç]の音）へ発音が変化しましたが、擬声語・擬態語は昔の発音を残しているのです。日本語ではその後、[p]の音を持つ「パン」などの語が外国語から借用され、[p]の音が普通名詞の中にも復活するようになりました。パ行の音が(34)に示すように外来語（カタカナ語）に多いのはそのためです。

(34)　パン　　パンダ　　ピル　　ピン　　プラン　　ペン　　ポケット

　パ行音は外来語の他にも、漢語複合語(35)や助数詞(36)の発音によく現れます。特に「本」や「匹」などの助数詞は(36)に示したように[p]－[h]－[b]という三つの子音の間で交替を示し、さらには[p]の前で促音の「っ」が現れるという特徴を示します。[p]－[h]－[b]の区別を覚えることは、日本語を母語とする子供にもなかなか大変なことです。

T3　3:21

(35)　a.　はくはつ（白髪）－ きんぱつ（金髪）

　　　b.　ひつだん（筆談）－ えんぴつ（鉛筆）

　　　c.　はくじん（白人）－ じゅんぱく（純白）

　　　d.　はつおん（発音）－ しゅっぱつ（出発）

(36)　a. ぽん：一本、六本、八本、十本

　　　b. ほん：二本、四本、五本、七本、九本

　　　c. ぼん：三本

1.3.4　異音

　これまでおもに五十音図をもとにして日本語の子音の発音を解説してきましたが、子音は前後に出てくる母音の種類によって、発音を変えてしまうことがあります。日本語では特に、後ろにどの母音が来るかによって発音が大きく変わってしまいます。音がこのように出現する場所によって発音が変わってしまったものを、元の音の**異音**（いおん）（allophone）と言い、その元の音を**音素**（おんそ）（phoneme）と言います。日本語の子音は「い」と「う」の母音の前で発音が変わりやすい（異音が生じやすい）という傾向があり、特にサ行・ザ行、タ行・ダ行、ハ行の子音が大きく変化します。

　このような発音の変化は、ヘボン式と呼ばれるローマ字表記によく現れています。このローマ字表記は、日本の地名や駅名、人名など——たとえば Shimbashi（新橋）や Chiba（千葉）——などによく使われているものですから、おそらく誰にもなじみのあるものと思われます。いずれの例でも、特別な発音に変わるときに、他とは違うアルファベット文字を使っています。まずは(37)を発音してみて下さい（（　）の中はヘボン式表記です）。

(37)　a. さ、し、す、せ、そ（sa, shi, su, se, so）

　　　b. ざ、じ、ず、ぜ、ぞ（za, ji, zu, ze, zo）

　　　c. た、ち、つ、て、と（ta, chi, tsu, te, to）

　　　d. だ、ぢ、づ、で、ど（da, ji, zu, de, do）

　「じ」と「ぢ」、「ず」と「づ」はそれぞれ同じ発音となります。昔は違う発音でしたので今でもかな文字で区別することがありますが、発音上の区別はありません（一部にその区別を残している地域もあります）。「じ」と「ぢ」は[dʒi]と強く発音されたり、[ʒi]と弱く発音されたりします。同じように、「ず」と「づ」も[dzu]という破擦音になったり[zu]という摩擦音になったりします（1.3.1節）。このように発音は多少揺れても意味に違いはありませんので、それほど注意する必要はないでしょう。

　これに対して、ハ行の発音は要注意です。ヘボン式ローマ字では(38)のような表記法

になっていますが、「ふ」の子音だけでなく、「ひ」の子音も他とは発音が違います。「は」
「へ」「ほ」が口の奥でかすかな摩擦を作り出すのに対し、「ひ」は口の真ん中あたり（硬
口蓋）で摩擦を作り出します。また「ふ」の子音も英語の [f]（_full_）とは少し発音が違い
ます。英語の [f] が上の歯と下唇で摩擦を作り出すのに対し、日本語の「ふ」は上下の唇
の間でかすかな摩擦を作り出します。このような発音を表すために、音声学では (39) の
ような発音記号を使っています。

T3　4:42

(38)　は、ひ、ふ、へ、ほ（ha, hi, fu, he, ho）

(39)　［ha］、［çi］、［ɸu］、［he］、［ho］

　日本語の「ひ」の音は「し」の音とよく似ています。ともに口の中ほど（硬口蓋あたり）
で摩擦を作り出すもので、混同されがちです。たとえば東京では (40a) のように「ひ」が
「し」になりやすく、関西では逆に (40b) のように「し」が「ひ」になる傾向があるよう
です。

(40)　a. 東京：ひ　→　し

　　　コーヒー　→　コーシー、ひま（暇）→　しま、

　　　ひしひしと感じる→　ししししと感じる

　　　b. 関西：し　→　ひ

　　　しちや（質屋）→　ひちや、しつもん（質問）→　ひつもん、

　　　布団をしく（敷く）→　布団をひく

(41)にあげる語句を発音して、この 2 音をしっかり区別できるよう練習して下さい（ア
クセントは統一していませんので、音声データで確認して下さい）。

T3　4:50

(41)　a. しし（獅子）－ しひ（私費）－ ヒヒ － ひしがた（菱形）

　　　b. しり（尻）－ ひりひり

　　　c. しる（知る）－ ひる（昼）

　　　d. おしる（お汁）－ おひる（お昼）

　　　e. あしたのひる（明日の昼）

　　　f. あひるのあし（アヒルの足）

1.3.5　撥音の「ん」

　日本語の子音の中ではタ行やサ行の子音だけでなく、**撥音**の「ん」も出てくる場所によって発音が変わってきます。タ行やサ行の子音と同じように、次に出てくる音の種類によって発音を微妙に変えるのです。原則的には、後続する子音と同じ位置で鼻音(1.3.1節)を作り出します。マ行やバ行、パ行の唇音が後続する場合には、「ん」も唇の鼻音[m]となり、ナ行、タ行、ダ行のような歯音が後続する場合には歯音の鼻音[n]となり、さらにはカ行、ガ行のような軟口蓋音が続く場合には軟口蓋の鼻音[ŋ]となるのです。後ろの音の影響を受けて、その音と同一あるいは類似の音になっている(つまり同化している)のです(1.2.2節)。同化は発音をしやすくするために生じる現象ですから、ごく自然に発音していると特に注意しなくてもマスターできます。少し注意を要するのが母音の直前に現れる「ん」や語末の「ん」でしょうか。このような場面では鼻母音(鼻にかかった母音)のように聞こえます。(42)の語を何回も発音して練習して下さい。

T3　5:35

(42)				
	a.	[m]:	さんま[魚]　　サンバ　　さんぽ(散歩)	
	b.	[n]:	サンタクロース　　かんどう(感動)　　まんなか(真ん中)	
	c.	[ŋ]:	さんかく(三角)　　きんこ(金庫)　　まんが(漫画)	
	d.	母音の前:	しんあい(親愛)　　じゅんい(順位)　　さんえん(3円)	
	e.	語末:	パン　　ペン　　あきかん(空き缶)	

1.3.6　促音の「っ」

　後ろに来る音に発音が同化するという点では**促音**の「っ」も同じです。「っ」の後ろに来る音はカ行、サ行、タ行、パ行の四種類(つまり無声子音)で、「ブリッジ」などの外来語を除くと他の音(有声子音)が現れることはまれです。この四種類の音のうち、カ行は口の奥(軟口蓋)、サ行とタ行は歯〜歯茎、パ行は唇で音が作られます。このため「っ」の発音も、舌や唇がこれらの音と同じ位置に来るのです。たとえば「きっぷ」の「っ」は、「ぷ」の[p]音を予想して唇が閉じる形になります。

　促音の「っ」が撥音の「ん」と違うのは、具体的な音が出ないということです。つまり「きっぷ」の「っ」は唇が閉じているだけで、音は何も出てきません。いわゆる無音の状態です。この無音の状態を十分に保つことができるかどうかによって、促音の有無が決まります。これは「ひと」(人)と「ヒット」、「さと」(里)と「さっと」のような語の区別にも関わってくる重要な問題です(詳しくは2.2節を参照)。

　促音の「っ」は無音の状態であると述べましたが、唯一の例外がサ行の音が続く場合です。「さ、す、せ、そ」の音が続く場合には、「まっすぐ」や「ばっさり」のように [s] の音が長く発音され、「し」の音が続く場合には「まっしろ」のように [ʃ] の音が長く発音されます。これらの場合でも、[s] や [ʃ] の音を十分に長く発音することが必要です。(43)の単語を何回も発音して、「っ」の長さが十分に保たれているか確かめてみて下さい。

T3　6:22

(43)	a. [p]:	チッ<u>プ</u>	きっ<u>ぷ</u>（切符）	やっ<u>ぱ</u>り
	b. [t]:	カッ<u>ト</u>	き<u>っ</u>て（切手）	ばっ<u>た</u>り
	c. [k]:	キッ<u>ク</u>	が<u>っ</u>こう（学校）	しっ<u>か</u>り
	d. [s]:	ま<u>っ</u>すぐ	ば<u>っ</u>そく（罰則）	ば<u>っ</u>さり
	e. [ʃ]:	ま<u>っ</u>しろ	どっ<u>し</u>り	ま<u>っ</u>しぐら

　促音は漢語に多く現れますが(1.2.3節)、和語や外来語でも生じることが少なくありません。しかし、「夫」や「切手」などの一部の和語を除いて、和語や外来語に出てくる促音は母音が脱落して生じるということはまれです。つまり、ただ単純に促音が加えられるのです。この種の促音にも数種類あり、たとえば(44a)では、語を強調したり会話的にするために促音が生じています。また(44b, c)では、このような意味の変化を伴わず、それぞれ複合語、外来語において促音が生じています。促音は有声子音の前では生じないのが普通ですが、外来語の場合には、さらに、直前の母音がもともと長い母音(長母音や二重母音)である場合にも生じないという規則性があります。パーク(*park*)、ソープ(*soap*)、バイク(*bike*)などの語に促音が生じない(「パー<u>ッ</u>ク」や「バイ<u>ッ</u>ク」とはならない)のはそのためです。

(44)	a. 強調：	にほん － にっぽん	しかり － しっかり
		やはり － やっぱり	あちこち － あっちこっち
		思いきり － 思いっきり	すごい － すっごい
	b. 複合語：	江戸 － 江戸っ子	かぎ（鍵）－ かぎっ子
		一人 － 一人っ子	
	c. 外来語：	トップ（top）　　キャップ（cap）　　バット（bat）	
		パック（pack）　　バッグ（bag）	

1.3.7　拗音

　日本語の子音は全体的に発音が簡単であると言われていますが、比較的難しいのが
拗音と呼ばれる音です。この音は中国語から入って来たもので、「きゃ、きゅ、きょ」や
「みゃ、みゅ、みょ」のように小さな「ゃ、ゅ、ょ」の文字をつけて表されます。（ちな
みに「き」や「み」のような音節は拗音に対して**直音**と呼ばれています）。(45)の音を発
音してみて下さい。

(45)　a.　きゃ、きゅ、きょ ; ぎゃ、ぎゅ、ぎょ

　　　b.　しゃ、しゅ、しょ ; じゃ、じゅ、じょ

　　　c.　ちゃ、ちゅ、ちょ

　　　d.　にゃ、にゅ、にょ

　　　e.　ひゃ、ひゅ、ひょ ; びゃ、びゅ、びょ ; ぴゃ、ぴゅ、ぴょ

　　　f.　みゃ、みゅ、みょ

　　　g.　りゃ、りゅ、りょ

　拗音は今でも漢語や外来語に多く見られる音で、日本語母語話者にとっても日本語学
習者にとっても発音が難しいものです。特に、拗音を二つの音節に分けてしまうと、単
語の長さ（モーラ数）やリズムが変わってしまい、何と発音しているのかわからなくなっ
てしまいます。「病院」が「美容院」とならないように心がけることが必要です。(46)の
ようなペアを何回も練習してみて下さい。

T3　7:09

(46)　a.　とうこう（投稿）－ とうきょう（東京）

　　　b.　きよこ（清子）－ きょうこ（京子）[人名]

　　　c.　さく（策）－ しゃく（酌）－ しやく（試薬）

　　　d.　じゆう（自由）－ じゅう（銃）

　　　e.　かそうたいかい（仮装大会）－ かしょうたいかい（歌唱大会）

　　　f.　おもちや（お餅屋）－ おもちゃ

　　　g.　こんやく（婚約）－ こんにゃく － コニャック

　　　h.　びよういん（美容院）－ びょういん（病院）

i. <u>ら</u>く（楽） － <u>や</u>く（役） － <u>りゃ</u>く（略）

j. <u>ルッ</u>ク － <u>リュッ</u>ク

T3　8:26

練習問題

1. 下線部に気をつけて発音してみましょう。

　a. <u>味覚</u>を<u>磨</u>く。

　b. オリンピックで<u>金</u>と<u>銀</u>のメダルをとった。

　c. <u>猿</u>をざるで<u>捕</u>まえる。

　d. <u>朝転</u>んであざができた。

　e. <u>草履</u>を<u>履</u>いた<u>総理</u>。

　f. <u>銅</u>でできた<u>塔</u>。

　g. <u>ボード</u>を乗せた<u>ボート</u>に乗る。

　h. <u>本</u>をお<u>盆</u>にのせる。

2. 次の単語を連濁に気をつけて読んでみましょう。

　a. <u>神</u>様 － <u>貧乏神</u>　　　b. <u>傘</u>立て － こうもり<u>傘</u>　　　c. <u>木</u> － 苗<u>木</u>

　d. <u>花</u>屋 － 草<u>花</u>　　　e. <u>腹</u> － 下<u>腹</u>　　　f. 加<u>藤</u> － 進<u>藤</u>[人名]

3. 子音の発音に気をつけて、次の早口言葉をそれぞれ３回ずつ、できるだけ早く発音してみましょう。

　a. <u>生麦</u>、<u>生米</u>、<u>生卵</u>

　b. バス、ガス<u>爆発</u>

　c. <u>隣</u>の<u>客</u>は、よく<u>柿食</u>う<u>客</u>だ。

d. 東京　特許　許可局　許可局長

e. 坊主が屏風に上手に坊主の絵を描いた。

f. 馬術部、手術室

4. 次の単語を「匹」「発」「本」「泊」の発音に気をつけて読んでみましょう。

a. 1匹、2匹、3匹、4匹、5匹、6匹、7匹、8匹、9匹、10匹

b. 1発、2発、3発、4発、5発、6発、7発、8発、9発、10発

c. 1本、2本、3本、4本、5本、6本、7本、8本、9本、10本

d. 1泊、2泊、3泊、4泊、5泊、6泊、7泊、8泊、9泊、10泊

音声学や日本語音声学に関する入門書はたくさんありますが、日本語の**音韻構造**をわかりやすく解説した本は比較的少ないようです。面白く読める本として[1]と[2]をあげておきます。[1]は**音便**や**連濁**など日本語の基本的な音声現象を歴史的視点から解説した本であり、[2]は他言語と比較しながら日本語の音声現象を一般言語学の立場から解説したものです。

[1]　小松英雄（1981）『日本語の音韻』（「日本語の世界」第7巻）中央公論社.

[2]　窪薗晴夫（1999）『日本語の音声』（「現代言語学入門」第2巻）岩波書店.

音声の研究をもう少し広い視点から学びたい読者には[3]を奨めます。心理学をはじめとする言語学の周辺分野から、音の知覚を含む音声研究の諸分野に関する、身近で面白いテーマを数多く解説した本です。

[3]　日本音響学会編（1996）『音のなんでも小事典』講談社.

日本語より英語の方が読みやすいという読者には[4]の第1、2章と[5]が適当な入門書です。

[4]　Tsujimura, N.（1996）*An Introduction to Japanese Linguistics.* Oxford: Blackwell.

[5]　Vance, Timothy J.（1987）*An Introduction to Japanese Phonology.* State University of New York Press.

外来語の発音について学びたい人は[6]が適当です。この本は外来語の音韻構造を**母音の挿入**、**促音の添加**、**アクセント**など、いろいろな視点から分析しています。

[6]　カッケンブッシュ寛子、大曽美恵子（1990）『外来語の形成とその教育』（日本語教育指導参考書16）国立国語研究所.

日本語音声をもう少し本格的に学びたいという人は、上記の[1][2]を読んだ後で、[7]－[10]の論文集へと読み進めたらいかがでしょう。[7]は**連濁**や母音の**無声化**などを分析した論文を含んでおり、[8]は日本語音声に関する最新の研究を、**アクセント**や**イントネーション**、**ポーズ**などに焦点をあてて解説しています。[9]は**音声学の基礎**にはじまり、**音韻論**、**生理学**など音声研究の主要部門をわかりやすく解説したものです。[10]は日本語音声の実験分析で著名な著者の長年の研究を集大成したものです。自分の関心に合致した巻（あるいは論文）から読み始めるとよいでしょう。

[7]　杉藤美代子監修（1989）『日本語の音声・音韻（上）』（講座日本語と日本語教育2）明治書院.

[8]　杉藤美代子監修（1997）『日本語音声[1]、[2]』三省堂.

[9]　田窪行則、前川喜久雄、窪薗晴夫、本多清志、白井克彦、中川聖一（1998）『音声』（岩波講座「言語の科学」第2巻）岩波書店.

[10]　杉藤美代子（1994−99）『日本語の音声の研究』全7巻. 和泉書院.

第2章

リズム

　前章では、母音と子音の特徴や発音方法について学びました。母音と子音がいくつも結びつくと、そこに音の規則的な連続が生まれます。この連続のことを**リズム**と言います。本章では、リズムが日本語の中でどのように作り出されているか考察し、その基本的な構造について学習することにします。

2.1　拍とその種類

日本語話者が好むリズムとして「五七五」や「七五調」と呼ばれるものがあります。
このリズムは文学、標語、劇の台詞、テレビ・ラジオのコマーシャルなど、さまざまな
場面で現れます。まず実際に、次の俳句を聞いて発音してみましょう。

		1	2	3	4	5	6	7	
(1)	閑かさや	し	ず	か	さ	や			
	岩にしみ入る	い	わ	に	し	み	い	る	
	せみの声	せ	み	の	こ	え			

（T4　0:04）

（17世紀の俳人、松尾芭蕉の句）

1行目から3行目までそれぞれ、5・7・5という長さのリズムがとられています。この
ため「五七五」というように呼ばれているのですが、この五七五の長さの基準となる一
つ一つの単位を拍（＝モーラ）と言います。(1)の俳句は拍をもとにして「し・ず・か・
さ・や」、「い・わ・に・し・み・い・る」、「せ・み・の・こ・え」のように五七五のリ
ズムを持っていることになります。

　拍は、日本語でもっとも基本的な最小のリズム単位です。それぞれの拍はすべて同じ
長さであると認識されています。日本語話者は、拍という基本単位を積み重ねる（繰り
返す）ことによって語や文を発音しているのです。

　五七五の拍のまとまりを意識して次の二つの例を聞いてみましょう。また、自分で発
音してみましょう。

		1	2	3	4	5	6	7	
(2)	とびだすな	と	び	だ	す	な			
	車は急に	く	る	ま	は	きゅ	ー	に	
	止まれない	と	ま	れ	な	い			

（T4　0:12）

（交通安全の標語）

(3)	ハローから	ハ	ロ	<u>ー</u>	か	ら		
	バトンタッチで	バ	ト	<u>ン</u>	タ	<u>ッ</u>	チ	で
	ニーハオへ	ニ	<u>ー</u>	ハ	オ	へ		

（香港返還に関する川柳）

これらの句も(1)と同じく、5拍・7拍・5拍というリズムなのですが、どうでしょう。(1)より、やや短く感じたかもしれません。実は日本語では、下線部の「っ」や「ー」、「ん」、そして「ない」の「い」は、その他の拍(たとえば「く」、「る」、「ま」)と同じ長さと認識されています。ですから、「く・る・ま」も「きゅ・<u>う</u>・に」も同じ3拍の長さで発音されます。同じように、「バ・ト・<u>ン</u>」も「タ・<u>ッ</u>・チ」も3拍、「な・い」は2拍の長さを持つものと感じられています。これは、(1)〜(3)にあげた五七五のリズムだけでなく、日本語の発音全般について言えることです。

　それでは、どのようなものが1拍の長さを持つのでしょうか。それをまとめると、次のようになります。「きゃ、きゅ、きょ」などの拗音(第1章)を除いて、かな1文字が1拍の長さを持つことがわかります。

(4)　拍の種類

あ　い　う　え　お

か　き　く　け　こ　　　が　ぎ　ぐ　げ　ご　　　きゃ　きゅ　きょ
　　　　　　　　　　　　　　　　　　　　　　　　ぎゃ　ぎゅ　ぎょ

さ　し　す　せ　そ　　　ざ　じ　ず　ぜ　ぞ　　　しゃ　しゅ　しょ
　　　　　　　　　　　　　　　　　　　　　　　　じゃ　じゅ　じょ

た　ち　つ　て　と　　　だ　ぢ　づ　で　ど　　　ちゃ　ちゅ　ちょ
な　に　ぬ　ね　の　　　　　　　　　　　　　　　にゃ　にゅ　にょ
は　ひ　ふ　へ　ほ　　　ば　び　ぶ　べ　ぼ　　　ひゃ　ひゅ　ひょ
　　　　　　　　　　　　　　　　　　　　　　　　びゃ　びゅ　びょ
　　　　　　　　　　　　ぱ　ぴ　ぷ　ぺ　ぽ　　　ぴゃ　ぴゅ　ぴょ

ま　み　む　め　も　　　　　　　　　　　　　　　みゃ　みゅ　みょ
や　　　ゆ　　　よ
ら　り　る　れ　ろ　　　　　　　　　　　　　　　りゃ　りゅ　りょ
わ　　　　　　　を
っ　　　ん　　　ー　　　（い）

　なお、最近のカタカナ言葉によく見られる「ファ、フィ、フェ、フォ、ウィ、ウェ、ウォ、ツァ、ツェ、ツォ」などなも、拗音と同じように、2文字で1拍となります。たとえば「フィレンツェ」(Firenze)は「フィ・レ・ン・ツェ」で4拍、「ウォーク」(walk)は「ウォ・ー・ク」で3拍となるのです。

　拍を単位とするリズム構造は、日本語の歌にもよく表れています。次にあげる日本語の伝統的な歌を、楽譜を見ながら聞いて歌ってみましょう。

T4　0:28

　この歌では原則として、拍ごとに音符があてられています。これは、日本語において拍がリズムの基本単位であることを表しているのです。特に「せいくらべ」の「い」、「にいさん」の「い」や「ん」、また「はかって」の「っ」、そして「きのう」の「う」の部分にも1音符が与えられています。つまり、これらの音も1拍の長さを持っているわけです。なお、楽譜の中では、「はしらのきず」の「き」や「なんのこと」の「こ」、また「ひものたけ」の「た」の部分が伸ばされてもう1音符与えられていますが、これは、同じ拍の中でメロディーが変わってしまうためです。これらの特殊なケースを除くと、1拍と1音

符が対応しています。このように、日本語では拍をもとにして歌が作られているのです。

　日本語のリズムを習得するには、(4)の太字の部分「っ」、「ん」、「ー」、そして「ない」や「か<u>い</u>」の「い」の部分を他の拍と同じように1拍の長さを持つものと意識して発音することが大切です。次節以下、「っ」「ん」「ー」「い」の拍に気をつけて、日本語のリズムを身につけましょう。これらの4種の拍は、語頭に現れないなどの理由から**特殊拍**（とくしゅはく）と呼ばれ、それ以外のものは**自立拍**（じりつはく）と呼ばれています。

練 習 問 題

T4　1:30

1. 5拍・7拍・5拍のリズムを持つ川柳が3例あります。拍数に気をつけて（　）に入る適当なものをaからcの中から選びましょう。そして完成させた川柳を五七五のリズムで何度も発音してみましょう（文英堂刊『平成わかいもの川柳』所収）。

	5拍	7拍	5拍
1)	ハネムーン	あのカップルも	（　　　　　　） a. みな借金（しゃっきん） b. みんなローン c. みなローン
2)	ロケットで	（　　　　　　） a. 月や水星に b. 試験（しけん）ない国 c. あなたの国	行きたいな
3)	（　　　　　　） a. 休みたいと b. あーあと c. んんんんと	言ってばかりの	お父さん

2. 自分で「五七五」の川柳を作ってみましょう。

3. 次の歌を特殊拍に注意して歌ってみましょう。

北風小僧の寒太郎

井出隆夫　作詞
福田和禾子　作曲

♩=116
きた　　かぜー　ーこぞうの　かんたろう
ー　こと　しもー　ーまちまで　やってきた
ー　ヒュ　ーンヒュ　ーン　ヒュルルン　ルンルンルンー
ふゆで　ーござんーす　ヒュルルルルル　ルンー

2.2.1　促音の「っ」

　今、美容院の鏡の前に座っているＡさんとＢさんが、後ろに立っている美容師に「前髪を少しだけカット」するよう、次のように頼みます。どちらの発音が自然でしょうか。

T5　0:01

（6）　　Ａ：前、**ちょっと**だけ**切って**下さい。

　　　　Ｂ：前、**ちょっと**だけ**切って**下さい。

明らかにＡさんの方が自然に聞こえます。Ｂさんの発音は、ちょうど「前、ちょとだけ来て下さい。」と言っているように聞こえます。ですから、美容師さんも「何でしょうか」などと言いながらＢさんの後ろから前に移動して来るかもしれません。では、Ａさんの発音のどこが自然で、Ｂさんのどこが不自然なのでしょうか。二人の言った「ちょっと」と「切って」の部分を比べてみましょう。

（7）　　　「ちょっと」

	1	2	3
Ａ：	ちょ	っ	と
Ｂ：	ちょ	と	×

（8）　　　「きって」

	1	2	3
Ａ：	き	っ	て
Ｂ：	き	て	×

　日本語の拍はそれぞれが同じ長さを持っており、「ちょ・っ・と」も「き・っ・て」も、「ト・マ・ト」や「さ・く・ら」などと同じように、3拍の長さを持っています。ＡさんとＢさんの発音を見ると、Ａさんが「ちょ・っ・と」、「き・っ・て」のように2拍目をちゃんと「っ」で1拍の長さに保っているのに対し、Ｂさんはその長さを十分に保たず、すぐに次の音を発音しています。ですから結果として、そこが「ちょと」、「きて」のような2拍の単語として聞こえてしまうのです。もともと3拍の長さを持つ単語が2

拍のように聞こえるわけですから当然、不自然に聞こえます。

　ここで大切なことは、促音の「っ」は1拍の長さを持つということです。「っ」は実際は無音（音が出ていない状態）なのですが、そこを他の拍と同じ長さに保たせることが重要です。そうしないと聞き手は —— そこに当然あるはずの拍がなくなったり、短くなったりするわけですから ——「ちょっと→ちょと」などのようにその単語を不自然に聞いたり、ときには「切って→来て」のように違う意味の単語として理解する可能性もあります。

　ここでは「切って／来て」などのような、「っ」があるのとないのとで意味が変化するペアを見て、促音の拍感覚を習得しましょう。

T5　0:13

(9)　a. した － 知った　　　　b. 綿 － 割った
　　　c. 画商 － 合唱　　　　d. 舞台上 － 物体上
　　　e. 摩擦 － 抹殺　　　　f. 試作 － 失策
　　　g. 過去 － 括弧　　　　h. 字体 － 実態
　　　i. 砂金 － 殺菌　　　　j. 主張 － 出張

続いて、太字の部分の違いを確かめながら、次の文を発音してみましょう。

T5　0:36

(10)　a. **コック**さん、スープの味をあまり**濃く**しないでね。

　　　b. **ホテル**の前で穴を**掘ってる**のは、うちの犬かしら。

　　　c. **他社**の鈴木さんは、口が**達者**ですねえ。

　　　d. 彼女はこの**歌**で100万枚レコードを**売った**。

　　　e. ビルの**八階**が**破壊**されました。

　　　f. おじいさんの好きだった**ハッカ**を、**墓**に持っていってあげよう。

　　　g. お母さんは**元**モデルだったらしいから、昔は**もっと**きれいだったんだろうなあ。

　　　h. ジュースの**ふた**をよく**振った**。

　　　i. A校、B校の**二校**で、**日光**に行きました。

2.2.2　撥音の「ん」

　促音の「っ」と同じように、**撥音**の「ん」という音も 1 拍の長さを持っています。次のＡさんとＢさんの発音を「ぜんぜん」という単語に注意して聞き比べてみましょう。

T5　1:18

　Ａさんの方が自然に聞こえ、それに対しＢさんの発音は、速さが急に何度も変化しているように聞こえます。これは、「ぜんぜん」の撥音の部分「ん」がとても短く発音されているためです。

(12)　　「ぜんぜん」

	1	2	3	4
A:	ぜ	ん	ぜ	ん
B:	ぜん	ぜん	×	×

　Ｂさんは「ん」が極端に短いため、「ぜん」で 1 拍、次の「ぜん」で 1 拍、合計で 2 拍分の長さにしか聞こえません。(11)で「さ・く・や・は」と 1 拍ずつ規則正しいリズムが保たれているところに、急に「ぜん・ぜん」というリズムが現れたため、大変不自然に感じられます。日本語では、拍はけっしてこのようには区切られません。撥音の「ん」も単独で 1 拍の長さとして数えられるのです。他によく使う単語では、「だんだん」や「どんどん」、「きちんと」などもけっして「だん・だん」、「どん・どん」、「き・ちん・と」というリズムにはならず、必ず「だ・ん・だ・ん」、「ど・ん・ど・ん」、「き・ち・ん・と」のように、「ん」を他の拍と同じぐらい持続させます。

　撥音「ん」の長さに注意して、次の単語のペアを発音してみましょう。

T5　1:31

(13)　a. 白 ― 進路　　　　　b. 価値 ― 感知
　　　c. かばん ― 看板　　　d. 劇 ― 元気
　　　e. 視察 ― 診察　　　　f. しわ ― 神話
　　　g. 歯科 ― 進化　　　　h. 課題 ― 寛大
　　　i. あんま ― あんまん　j. 危機 ― 近畿

次に、太字部分の拍数の違いに注意して、(14)の文を発音してみましょう。

T5　1:57

(14)　a. **タイ**のお金の単位（たんい）は「バーツ」です。

　　　b. その**金歯**（きんば）、**牙**（きば）みたいに光ってこわいですよ。

　　　c. この金魚、とても**貴重**（きちょう）なので、持ち運ぶのに**緊張**（きんちょう）した。

　　　d. 日本語の勉強で**肝心**（かんじん）なのは、**漢字**（かんじ）を覚えることだ。

　　　e. 彼は、自分の**人格**（じんかく）が変わっているということを**自覚**（じかく）するべきだ。

　　　f. その**花瓶**（かびん）に、**カビ**がいっぱい**生**（は）えているよ。

　　　g. ぼくたちの**世代**（せだい）は、なぜか**仙台**（せんだい）にあこがれるんだよ。

　　　h. 街で偶然（ぐうぜん）会った人は、**他人**（たにん）ではなくて、**担任**（たんにん）の先生だった。

　　　i. ぼくは、**麺**（めん）には**目**（め）がないんです。

2.2.3　引き音

　日本語では、たとえば「きょ<u>う</u>と」（京都）、「と<u>う</u>きょ<u>う</u>」（東京）、「ジュ<u>ー</u>ス」、「コ<u>ー</u>ヒ<u>ー</u>」の下線部分のような音がよく聞かれます。これらのように、直前の拍の母音がそのまま引き伸ばされてできた音を、**引き音**（ひおん）と言います。この音は、前の母音をただ好きなだけ**伸**（の）ばせばよいというわけではなく、1拍分の長さを保たせることが大切です。ですから、「京都」と「ジュース」は「きょ・う・と」、「ジュ・ー・ス」で3拍、「東京」と「コーヒー」は、それぞれ「と・う・きょ・う」、「コ・ー・ヒ・ー」で、4拍の長さで発音されます。(15)の2〜4拍の名詞を見て、このことを確認しましょう。

(15)　a.

2拍語	1	2
脳	の	う
表	ひょ	う
キー	キ	ー
川	か	わ
バス	バ	ス

b.

3拍語	1	2	3
ビール	ビ	ー	ル
ハート	ハ	ー	ト
希望	き	ぼ	う
机	つ	く	え
トマト	ト	マ	ト

c.

4拍語	1	2	3	4
飛行機	ひ	こ	う	き
学生	が	く	せ	い
工場	こ	う	じょ	う
広島	ひ	ろ	し	ま
イギリス	イ	ギ	リ	ス

(15a〜c)は、いずれも上段と下段がまったく同じ拍数で、したがって同じ長さと意識されています。たとえば、「川」(かわ)は「脳」(のう)と長さが等しく2拍で、「ビール」とは長さが異なるのです。このように、引き音がきちんと1拍保たれないと、単語が聞き取りにくくなりますし、さらには次の(16)のペアのように、意味の異なる語と混同（こんどう）される可能性が出てきます。引き音の有無（う む）に注意して、これらを発音してみましょう。

T5 2:38

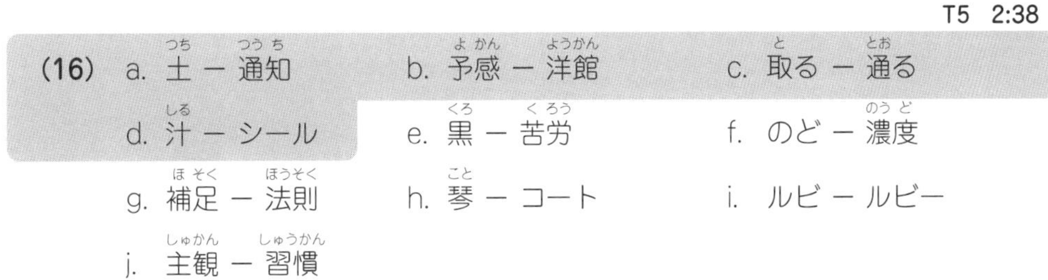

(16) a. 土 − 通知（つち − つうち） b. 予感 − 洋館（よかん − ようかん） c. 取る − 通る（と − とお）

d. 汁 − シール（しる） e. 黒 − 苦労（くろ − くろう） f. のど − 濃度（のうど）

g. 補足 − 法則（ほそく − ほうそく） h. 琴 − コート（こと） i. ルビー ルビー

j. 主観 − 習慣（しゅかん − しゅうかん）

続いて、次の文を太字の部分に注意して発音してみましょう。

T5 3:05

(17) a. 異性に**好意**を抱く。これが**恋**の始まりです。（いせい・こうい・いだ・こい）

b. うちの学校の**校長**は、何でも**誇張**して話します。（こうちょう・こちょう）

c. こんな**巨大**な**鏡台**を見るのは、はじめてです。（きょだい・きょうだい）

d. **老婆**をのせた**ロバ**が、川へ落ちた。（ろうば）

e. 試験問題と**互角**に闘った結果、なんとか**合格**できました。（ごかく・ごうかく）

f. ねえ君。ぼくと**一緒**に**一生**を送ろう。（いっしょ・いっしょう）

g. 「**強盗**!」と聞くと、**後藤**さんはいつも、はっとするそうだ。（ごうとう・ごとう）

h. 新しい鉄棒が、**校庭**に**固定**されたばかりです。（てつぼう・こうてい・こてい）

i. 高級なレストランなので、しばらく呼吸ができませんでした。

j. 岡さんのお母さんは、数学の先生をしています。

2.2.4　二重母音の第二要素「い」

「会社」(かいしゃ)や「社会」(しゃかい)、「再会」(さいかい)などの単語に見られる「い」という音に注目しましょう。日本語では、/kaisja/（会社）、/sjakai/（社会）、/saikai/（再会)のように母音が連続する場合でも、そこが[a・i]のように1拍ずつ2拍に分かれます。後半部分の[i]はけっして短くはならず、直前の[a]を含む拍とほぼ同じ長さで発音されます。

(18)	1		2	3	4
社会	しゃ		か	い	
会社	か		い	しゃ	
再会	さ		い	か	い

　言語によっては[a]と[i]が続いたとき、[i]が[a]と短く結びついて、一つの単位として発音されることがあります。そのような言語を話す人は日本語の「社会」や「会社」、「再会」をそれぞれ「しゃ・かい」、「かい・しゃ」、「さい・かい」のように分けて発音するかもしれません。これは、2.2.2 節で見た撥音の「ん」とよく似た傾向です。しかしながら撥音と同じように、日本語の正しいリズムとしてはそれぞれ「しゃ・か・い」(社会)、「か・い・しゃ」(会社)、「さ・い・か・い」(再会)のように分かれます。つまり、ほかの特殊拍と同じように二重母音の第二要素「い」も1拍の長さを持つのです。

　また、たとえば[oi]、[ui]、[ae]などの[ai]以外の母音連続の場合も、[o・i]、[u・i]、[a・e]のように1拍ずつ、合計で2拍の長さをとります。

(19) a. [oi]：オ・イ・ル　　　　;3拍　　は・ご・い・た(羽子板)　　;4拍

　　　b. [ui]：う・ぐ・い・す　;4拍　　す・い・よ・う・び(水曜日);5拍

　　　c. [ae]：か・え・る(帰る);3拍　　こ・た・え・る(答える)　　;4拍

次の単語を拍数に注意して発音してみましょう。

(20) a. 肩 ― 書いた　　　b. 放火 ― 崩壊
c. 加算 ― 解散　　　d. 坂 ― 堺
e. 点差 ― 天才　　　f. 十日 ― 東海
g. 紺 ― コイン　　　h. しょうが ― 障害
i. 咲く ― 細工　　　j. 加賀 ― 絵画 ― 海外

また、太字部分の違いに注意しながら、次の文を発音してみましょう。

T5　4:09

(21) a. ずっと**多忙**だったが、やっと**待望**の休暇がとれた。
b. 人間の絵の**才能**は、**左脳**に左右されている。
c. **パン**の中に**パイン**を入れると、おいしいんですよ。
d. かなり酔っぱらっているけど、今、**いったい**何と**言った**。
e. **課長さん**、**会長さん**が呼んでいますよ。
f. **あんな 案内**じゃ、わからないよ。
g. この薬で**効果**が出ると思ったのに、かえって**後悔**しています。
h. パーティーでは、あの政治家の**一派**で**いっぱい**だった。
i. 演劇のことを**芝居**というのは、それが昔、**芝**の上で見られていたからです。

1. これから聞こえてくる文が、下の（　）の中のどちらを読んだものか選びましょう。また、両者の拍数の違いを意識して発音しましょう。

（例）　a. だれが（来た／切った）のですか。

　　　　b. だれが（来た／切った）のですか。

1）a. あなたは、はっきりと（思想／真相）を語るべきです。

　　b. あなたは、はっきりと（思想／真相）を語るべきです。

2）a. ちょっと（二三／兄さん）、質問してもいいですか。

　　b. ちょっと（二三／兄さん）、質問してもいいですか。

3）a. 残念だったねえ。（消火／紹介）するのが遅かったようだ。

　　b. 残念だったねえ。（消火／紹介）するのが遅かったようだ。

4）a. （事件後／実験後）、やっと真実を確認した。

　　b. （事件後／実験後）、やっと真実を確認した。

5）a. 夢の中で、（霧／キリン）に囲まれていました。

　　b. 夢の中で、（霧／キリン）に囲まれていました。

6）a. （遺体／いったい）、どこで見つかったんですか。

　　b. （遺体／いったい）、どこで見つかったんですか。

7）a. これを（教授／今日中）に届けていただけませんか。

　　b. これを（教授／今日中）に届けていただけませんか。

2. 次の言葉を拍に分けて、後ろの方から反対に発音し、その意味として適当なものを下から選びましょう。これは日本語話者がよくする言葉遊びです。

（例）坂　　（　　さ・か　　）　→　（　　　かさ　　）[　　傘　　]

a. 岡　　（　　　　　　　）　→　（　　　　　　）[　　　　]

b. 貝　　（　　　　　　　）　→　（　　　　　　）[　　　　]

3. 拍を意識して、練習問題2に見られるような単語のペアを探してみましょう。

2.3　フット

　ここまでは、日本語の拍とはどのようなものか、また拍にはどのような種類があるのかを学んできました。そして、特に「っ」、「ん」、「ー」、「い」の特殊拍と呼ばれるものが、それ以外の拍と同じ長さをもっていること、また、拍は日本語のリズムを作る基本的な単位であることを確認しました。

　それでは、これらの拍はただ無秩序に並んでリズムを作っているのでしょうか。けっしてそうではなく、日本語話者は拍を二つずつにまとめてリズムを安定させる傾向が強くあります。言い換えれば、日本語にとって2拍というまとまりが非常に整ったリズムの単位なのです。この2拍のまとまりのことを特に**フット（foot）**と言います。これから具体的に、単語や文がフットをもとにしてどのようにまとまっているのか、いくつか例を見てみましょう。

2.3.1　語の短縮

　日本語ではよく、複合語などの長い単語が省略されます。複合語の場合には、その前部と後部の語頭から、それぞれ2拍ずつ並べて発音するのがもっとも一般的です。(22)と(23)にあげた例の、省略される前と後の形を比べて発音してみましょう（・が前部と後部の境界を、（　）の中が省略される部分を表しています）。

(22)　複合語

　　　a.　リモ（ート）・コン（トロール）　　　→　リモコン

　　　b.　ワー（ド）・プロ（セッサー）　　　→　ワープロ

　　　c.　セク（シュアル）・ハラ（スメント）　　　→　セクハラ

　　　d.　プリ（ント）・クラ（ブ）　　　→　プリクラ

　　　e.　ポケ（ット）・モン（スター）　　　→　ポケモン［アニメのキャラクター］

(23)　人名

　　　a.　はし（もと）・りゅう（たろう）　→　はしりゅう［橋本龍太郎：元総理］

　　　b.　きむ（ら）・たく（や）　　　→　キムタク［木村拓哉：歌手］

　　　c.　かつ・しん（たろう）　　　→　かつしん［勝新太郎：俳優］

　　　d.　やす（し）・きよ（し）　　　→　やすきよ［横山やすし・西川きよし：元漫才師］

2.3.2　曜日

　曜日の名前をいくつか列挙するとき、しばしば(24)のように「曜日」の部分が省略されます。

(24)　げ・つ　　　　か　　　す・い　　　も・く　　　き・ん　　　　ど　　　に・ち

　　　（月曜日）　（火曜日）　（水曜日）　（木曜日）　（金曜日）　（土曜日）　（日曜日）

　しかし、実際に月曜日から日曜日まで七つを列挙して発音するときは、(24)のようには発音せず、(25)のように2拍ずつにまとめて発音します。もともと1拍の「火」(か)と「土」(ど)の部分が、「か・ー」「ど・ー」のように、ちょうど引き音が1拍分加えられた長さになるのです。これは、他の五つの曜日の**2拍**と長さを合わせて、整ったリズムにしようとするためです。

T6　0:01

(25)　/ ♪ ♪ / ♪ ♪ / ♪ ♪ / ♪ ♪ / ♪ ♪ / ♪ ♪ / ♪ ♪ / ♪ ♪ /

　　　/ [げ・つ] / [**か**・**ー**] / [す・い] / [も・く] / [き・ん] / [**ど**・**ー**] [に・ち] /

　　　　　　月　　　　　火　　　　　水　　　　　木　　　　　金　　　　　土　　　　　日

　また単独で(26a)のように言うこともできますが、けっして(26b)のようにはなりません。

T6　0:08

(26)　a. 毎週、**か**・**ー**、**ど**・**ー**　　は、とても忙しいんです。

　　　b. 毎週、**か**　　　**ど**　　　　は、とても忙しいんです。

　ただし、例外的に「土日」という表現は、「土」の部分が引き伸ばされずに「ど・にち」となる傾向があります。これは「週末」を意味する複合語になるためと思われます。次の曜日のまとまりを2拍というリズムに注意して発音してみましょう。

T6　0:16

(27)　a. 日、月、火　　　　b. 金、土、日　　　　c. 火、木、土

2.3.3　数字の伸長

　電話番号や銀行の預金口座番号などで、いくつかの数字を列挙するときも、2拍ごとにまとめられる傾向があります。たとえば、241－0752という電話番号を聞いて、実際

に発音してみましょう。もともと1拍の「2」(に)と「5」(ご)が、「に・ー」「ご・ー」という2拍のリズムをとるようになります。

(28)　　2　　4　　1　　－　　0　　7　　5　　2
　　/に・ー/よ・ん/い・ち/(の)/れ・ー/な・な/ご・ー/に・ー/
　　　　　　　　　　　　　　　ゼ・ロ

また、「1、3、5、7、9」の奇数の羅列が、「い・ち/さ・ん/ご・ー/な・な/きゅ・ー」となるのに対して、偶数はしばしば(29)のように発音されます。(29a～c)のどの方法でも言うことができますが、いずれにしても数字を列挙するときは、何らかの方法で2拍ずつにまとまるように調整されているのです。

(29)　　　　2　　　　4　　　　6　　　　8　　　　10
　　a. に・ー　　し・ー　　ろ・く　　は・ち　　じゅ・ー
　　b. に・ー　　し・ー　　ろ・ー　　は・ー　　と・ー
　　c. に・ー　　し・ー　　ろ・の　　は・の　　と・ー

また、小数点を含む数字の読み方は(30)のように、小数点の前(1の位)が2拍になる(伸びる)のに対して、単位(センチ、キロ、メートルなど)の直前は伸ばされません。

(30)　a. に・ー　　てん　ご　　センチ　　[2.5cm]
　　　　(*に・ー　　てん　ごー　センチ)

　　　b. ご・ー　　てん　に　　キロ　　[5.2km]
　　　　(*ご・ー　　てん　にー　キロ)

次の数字の集まりを、リズムに気をつけて発音してみましょう。

(31)　a. 銀行の口座番号：351－2129－507

　　　b. 電話番号：875－2051

　　　c. 秒読み：ロケット発射10秒前。5、4、3、2、1、発射。

2.3.4　数字の短縮

　前節では、リズムを2拍ずつに整えるために「2」や「5」などの1拍の長さを持つ数字がもう1拍伸びるという例をみました。ここでは、2拍にリズムを整えるため反対に短くなる例について見ましょう。

　月末の何日かを列挙するとき、たとえば「今月の28、29、30と、北海道旅行に行きます」と言うとき、(32a)に示した文字通りの発音のほかに、(32b)のような発音もあります。ここでは「に・じゅ・一」の「一」が縮められ、「に・じゅ」という2拍に揃えられて発音しやすく（そして聞きやすく）されているのです。これは特に速く列挙するときによく見られる発音です。なお、数字の末尾部分は（　）の部分を読まずに短く発音してもかまいません。

T6　1:12

> (32)　a.　にじゅうはち　　　　にじゅうきゅう　　　　さんじゅう
>
> 　　　　　　　28　　　　　　　　　29　　　　　　　　30
>
> 　　　b.　/♪　　♪ /♪　　♪ /　/♪　　♪ /♪　　♪ /　/ ♪　　♪ /♪　　　♪ /
>
> 　　　　　/に・じゅ/は・ち/　　/に・じゅ/く・(一)/　　/さ・ん/じゅ・(一)/
>
> 　　　　　　　2　　　8　　　　　2　　　9　　　　3　　　0

　次の数字を速いリズムで言ってみましょう。

T6　1:28

> (33)　a.　今年24才ですが、21、22、23のときには東京に住んでいました。
>
> 　　　b.　もうすぐ1分経ちますよ。55秒。・・・57、58、59、60。
>
> 　　　c.　96、97、98、99、100。はい、もうお風呂から出ていいよ。

2.3.5　惑星

わくせい
惑星は、太陽に近い方から順に次のように呼ばれています。

(34)　a.　水星（すい せい）　　　　　　　b.　金星（きん せい）

　　　c.　地球（ち きゅう）　　　　　　　d.　火星（か せい）

　　　e.　木星（もく せい）　　　　　　　f.　土星（ど せい）

　　　g.　天王星（てんおう せい）　　　　h.　海王星（かいおう せい）

　　　i.　冥王星（めいおう せい）

　これらを列挙するとき、「〜星」（「地球」は「〜球」）の前の「〜」の部分が続けて読まれます。このとき、「〜」の部分が2拍の場合はそのまま2拍で発音されますが、そこが2拍以外、つまり(34)の下線部分の場合は、そこが2拍にまとまるよう、さまざまな方法によって調整されます。

T6　1:52

(35)　／♪　♪／♪　♪／♪　♪／♪　♪／♪　♪／♪　♪／♪　♪／♪　♪／
　　　／す・い／き・ん／ち・か／も・く／ど・っ／て・ん／か・い／め・い／
　　　　水　　　金　　　地火　　木　　　土　　　天　　　海　　　冥

　「〜」の部分が3拍以上の「天王星」、「海王星」、「冥王星」の場合には、それぞれ語頭から2拍ずつとられ、「てん」、「かい」、「めい」という連続が作られています。これに対し「〜」の部分が1拍のときは、リズムを整えるために二つの方法がとられます。一つは「土星」の場合のように、「ど」に促音が挿入されて「ど・っ」という2拍のフットが作り出されます。もう一つは、「〜」の部分が一拍同士で隣り合っている「地球」と「火星」の場合のように、「地球」の「ち」と「火星」の「か」が結びついて「地火」（ち・か）という2拍のフットが形成されます。このように、方法は異なりますが、結果としてすべての惑星が2拍のフットにおさまるように発音されるわけです。

　以上のように、さまざまなところで「フット」という2拍のまとまりが観察されます。そして、このまとまりには拍が基本となっていることがわかりました。このように、日本語のリズムを習得するには、まず特殊拍を十分長く発音して、そして拍を二つずつにまとめることが大切であると言えます。

1. 次の例は、複合語の短縮されたものです。短縮される前の、もとの形を考え
てみましょう。

1）ラジカセ　　　2）ハンスト　　　3）立て看<ruby>立<rt>た</rt></ruby>て<ruby>看<rt>かん</rt></ruby>　　　4）ポケベル

5）<ruby>留<rt>る</rt></ruby><ruby>守<rt>す</rt></ruby><ruby>電<rt>でん</rt></ruby>　　　6）<ruby>合<rt>ごう</rt></ruby>コン　　　7）パリコレ　　　8）パソコン

9）ファミコン　　　10）ダントツ

T6　1:59

2. 次の文を、太字部分のリズムを整えて発音してみましょう。

1）今週は**月・火・水**は忙しいけれど、**木・金・土**は、それほどでもないよ。

2）1から10まででは、**1・3・5・7・9**が奇数で、**2・4・6・8・10**が偶数です。

3）今月は、**27、28、30**とアルバイトがあるんです。

4）わたしの銀行の口座番号は**241-958-0052**です。

5）わたしの電話番号は**251-7832**です。

3. 自分の電話番号や、銀行の口座番号を発音してみましょう。

4. 1から10の中で好きな数字を小さい方から順に三つ並べて発音して下さい。

私の好きな数字は＿＿、＿＿、＿＿です。

● 読書案内

日本語の拍や、その中の**特殊拍**についての説明は[1][2]に詳しく書かれています。[1]は物理的にどのくらいの長さがあれば「拍」と感じられるのかについて、機械を使って実験結果が報告されています。[2]は英語で書かれた教科書ですが、日本語が拍をもとにした言語であることがさまざまな例によって解説されています。

[1] 杉藤美代子（1989）「音節か拍か－長音・撥音・促音」（杉藤美代子編『日本語の音声・音韻（上）』（講座「日本語と日本語教育」第2巻））明治書院.

[2] Vance, T. J. (1987) *An Introduction to Japanese Phonology*. State University of New York Press.

また、特に促音については[3]が詳しく説明しています。

[3] 小松英雄（1981）『日本語の音韻』（「日本語の世界」第7巻）中央公論社.

川柳についてもっと知りたい人には、[4]を読むことを奨めます。

[4] 山藤章二・尾藤三柳・第一生命選（1991）『平成サラリーマン川柳傑作選』講談社.

フットについては、[5]から読み始めて下さい。そこでは、この単位の重要性がさまざまな具体例を通して説明されています。

[5] 窪薗晴夫（1998）「音韻論」（田窪行則他著『音声』（岩波講座「言語の科学」第2巻））岩波書店.

● 第3章 ●
アクセント

　私たちは音の連続（文）の中で、一つ一つの単語を聞き手にどのように伝えているのでしょうか。発音上、文中の単語の区切れを示すものとして、**アクセント**が大きな働きをしています。この章では、特に現在の共通語（東京方言）のアクセントがどのような性格や特徴を持っているのか学習します。

3.1　日本語のアクセント

3.1.1　アクセントとは

　アクセント(accent)という言葉は日常生活のさまざまな場面で使われています。たとえば、(1a～c)いずれの場合も、「アクセント」は単調さを避けるための全体の中での部分的な際立ち、目立っている部分という意味で用いられています。

(1)　　a. この料理は、胡椒がアクセントになっていて、とてもおいしいですね。

　　　　b. 真っ白な服に、一本の赤いバラがとてもいいアクセントになっている。

　　　　c. この部屋は何も特徴がないから、何かアクセントになるものがほしい。

　音声学において「アクセント」という言葉は、おもに次の二つの意味で使われます。一つは(1)と同じように「単語の中で、他より音声的に際立っている部分」という意味、もう一つは「単語に備わった際立ちの型(パターン)」という意味です。本書ではアクセントという用語を、後者の「単語の中に現れる音の高低・強弱・長短の型」という意味で用います。アクセントがないと発話がとても単調に聞こえてしまいますし、コミュニケーションの上で単語の切れ目がわかりにくいという、もっと大きな問題が生じるのです(3.1.2節)。

　それでは私たち人間は単語の中でどのように音を際立たせているのでしょうか。世界の言語をみると、おもに(2)の三つの方法が使われています。日本語はこのうち、特に(2c)の「高さ」をもとにしているのです。(2)を聞き比べてみましょう。

T7　0:03

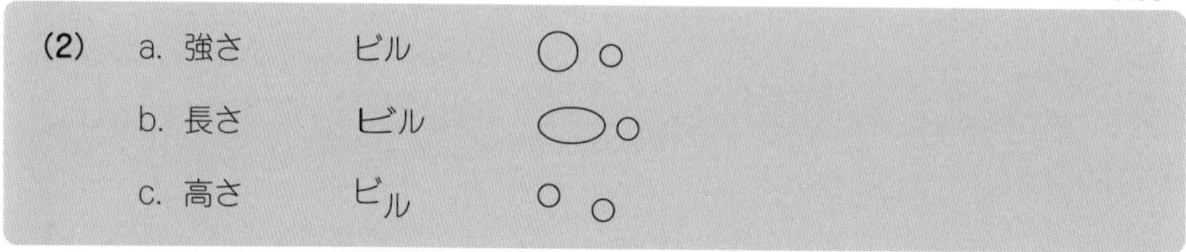

　(2c)以外の方法は、日本語としてとても不自然に感じられます。特に(2b)は第2章で見たように、拍数の違う別の単語(「ビール」という3拍語)のように聞こえてしまいます。このように、日本語ではアクセントを示す方法として「高さ(ピッチ)」の変化が利用されているのですが、具体的には、語中の拍ごとに高いピッチと低いピッチが与えられているのです。たとえば「みかん」という単語は、「みかん」のように「高低低」のピッチが、また、「ぶどう」は「ぶどう」のように「低高高」のピッチが与えられています。

つまり、それぞれの拍が「高」か「低」かどちらかのピッチを持ち、それによる二段階の区別が使われているわけです。

日本語を上手に話す上で、アクセント（ピッチの高低）はとても大切な要素です。アクセントを正しく習得すると、大変日本語らしく、きれいな発音に聞こえます。

3.1.2　アクセントの機能

アクセントには大切な役割が二つあります。一つは単語の意味を区別するという働き、もう一つは単語の境界（切れ目）を表すという働きです。まず、意味を区別する働きから見てみましょう。次の二つの文を聞き比べ、発音してみて下さい。

T7　0:15

> (3)　a. わたしの好きな食べ物は「かれー」です。（カレー）
>
> 　　　b. わたしの好きな食べ物は「かれー」です。（カレイ：鰈）

(3a)は「カレーライス」のことを言っていますが、(3b)では魚の種類である「カレイ」（鰈）を指しています。この意味の違いは前者の「低高高」、後者の「高低低」という高さの違いによって表されています。他には、「あめ」（雨）と「あめ」（飴）、「しろ」（白）と「しろ」（城）のようなペアがアクセントによって区別されます。しかしながら、このような形で意味を区別できる例は、実はあまり多くありません。特に漢語（音読みの単語）の場合には、たとえば「菓子／歌詞」（かし）、「階段／会談／怪談」（かいだん）などのように、アクセントだけではまったく区別できない単語も多く見られます。

アクセントの機能としてはむしろ、単語の境界を示す働きの方が重要と言えます。(4)の「もうしました」の部分を聞き比べて下さい。

T7　0:29

> (4)　a. それはわたしが　もうしました。（もう、しました）
>
> 　　　b. それはわたしが　もうしました。（申しました）

(4a)では、「もう」で一度下がったピッチが「しました」でふたたび上昇することによってピッチに溝のような形（￢＿￢）ができ、二つの山に分かれています。この溝によって2語の境界が示されるのです。つまり、「もうしました」のように一度下がったピッチがふたたび上がると、そこで「別の単語が始まる」と理解されるわけです。一方、(4b)は「もうしました」のようにピッチの山が一つだけ現れ、溝の形（￢＿￢）は作られていません。これによって、この部分が一続きのまとまりであると理解されます。つまり、アクセントによって単語の境界とまとまりが示されるわけです。このように、アクセントには意味の区別と境界表示という二つの機能があるのです。

3.1.3　アクセントの型と制約

　一つ一つの拍が「高／低」いずれかのピッチを持つことを見ましたが、単語の中でピッチが自由に現れることはできません。日本語（共通語）にはアクセントの決まった型があります。具体的に1〜4拍名詞のすべてのアクセント型を(5)〜(8)で確認してみましょう。（　）の中の数値は、同じ拍数の語の中でそのアクセント型が占める割合です。

　ピッチの下がり目の位置によって、アクセントの型には名前が付けられています。語頭1拍目の直後にピッチの下がり目が来る型を**頭高型**、語中に下がり目の来る型を**中高型**、語の最後（助詞の前）でピッチが下がるものを**尾高型**、そして、下がり目がなく全体が平坦に発音されるものを**平板型**と言います。助詞が付かない場合には、尾高型と平板型は、ほぼ同じ発音となります。

T7　0:40

(5)　1拍名詞

a. 頭高型（尾高型）　　○｜が（70%弱）

き｜が（木）　　は｜が（歯）　　ひ｜が（火）　　し｜が（死）

b. 平板型　　○が｜（30%強）

き｜が（気）　　は｜が（葉）　　ひ｜が（日）　　し｜が（詩）

T7　0:52

(6)　2拍名詞

a. 頭高型　　○｜○が（約65%）

あ｜きが（秋）　　は｜しが（箸）　　う｜みが（海）　　シャ｜ツが

b. 尾高型　　○○｜が（20%弱）

あき｜が（飽き）　　はし｜が（橋）　　いぬ｜が（犬）　　いろ｜が（色）

c. 平板型　　○○が｜（約15%）

あきが｜（空き）　　はしが｜（端）　　ひとが｜（人）　　みずが｜（水）

（7）　3拍名詞

a. 頭高型　　　○￣○○が（40%弱）

みどりが（緑）　　めがねが（眼鏡）　せかいが（世界）　カメラが

b. 中高型　　　○○￣○が（10%弱）

たまごが（卵）　　うちわが（団扇）　さとうが（砂糖）　ブルーが

c. 尾高型　　　○○○￣が（約5%）

あたまが（頭）　　おとこが（男）　ことばが（言葉）　ひかりが（光）

d. 平板型　　　○○○が（約50%）

さかなが（魚）　　くすりが（薬）　くるまが（車）　とけいが（時計）

（8）　4拍名詞

a. 頭高型　　　○￣○○○が（10%弱）

ちゅうごくが（中国）　　　　　かまきりが（蟷螂）

けいざいが（経済）　　　　　　ロンドンが

b. 中高型　　　○○￣○○が（10%強）

ひこうきが（飛行機）　　　　　のみものが（飲み物）

くつしたが（靴下）　　　　　　ストーブが

c. 中高型　　　○○○￣○が（10%弱）

みずうみが（湖）　　　　　　　たいふうが（台風）

じょうけんが（条件）　　　　　コーヒーが

d. 尾高型　　　○○○○￣が（約5%）

おとうとが（弟）　　　　　　　いもうとが（妹）

いちにちが（一日）　　　　　　はんにちが（半日）

e. 平板型　　　○○○○が（70%弱）

こくばんが（黒板）　　　　　　がくせいが（学生）

よこはまが（横浜）　　　　　　パソコンが

　拍に「高／低」の２種類のピッチがあることから計算上は、２拍名詞なら４通り（2×2）、３拍名詞なら８通り（2×2×2）、４拍名詞なら16通り（2×2×2×2）、n拍名詞なら2^n通りの型の可能性（かのうせい）が考えられます。しかし実際は、上で見たように２拍名詞は３通り、３拍名詞は４通り、４拍名詞は５通りというように、n拍の長さの名詞に対し（n＋1）通りの型しか許されていません。そこには2^n個の型を（n＋1）個に制限する制約（せいやく）が働いているのです。(5)〜(8)をよく観察すると、日本語（共通語）のアクセントには次の二つの制約があることがわかります。

● 日本語のアクセント制約

(9)　　a. 1拍目と2拍目は違うピッチでなければならない。

　　　　b. 単語の中で一度下がったピッチは、二度と上がらない。

　４拍名詞を例にとると、(9)の制約は、それぞれたとえば次のようなアクセント型を禁止していることになります。

(10)　a. *アメリカが　　*アメリカが　　*アメリカが　　*アメリカが

　　　b. *アメリカが　　*アメリカが　　*アメリカが　　*アメリカが

(10b)は(4)で述べたことに関連（かんれん）しています。(4a)や(10b)のように、一度下がったピッチがもう一度上がると、聞き手はそこで別の単語が始まったと認識するのです。つまり、ピッチの上がり目によって単語の境界が示されるわけです。これについては、複合語(3.3節)のところでもう一度確認します。

　日常会話では、しばしば(10a)の原則が破られるときもあります。それは(11)のように、2拍目に特殊拍が現れた場合です。この場合、語頭の「低高」のピッチ連続を「高高」と発音しても不自然ではありません（本書ではこの場合も、原則として「低高」で発音・表記（ひょうき）します）。

T7　2:10

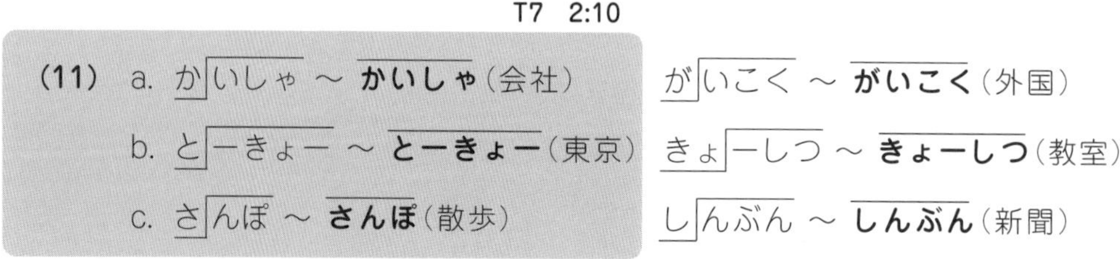

　(11)の場合を除き、日本語のアクセントには(9)の制約が強く働いています。この制約により、語頭部分のピッチはだいたい予測できますので、アクセントの表記は原則と

して、(12)のように下がり目の位置のみを記せばよいことになります。

(12)　アクセント核にもとづく「型」の表記

　　　　a. 頭高型　　ちゅ｜うごくが　　→　　ちゅ⌐うごくが

　　　　b. 中高型　　ひ｜こ｜うきが　　→　　ひこ⌐うきが

　　　　c. 中高型　　み｜ずう｜みが　　→　　みずう⌐みが

　　　　d. 尾高型　　お｜とうと｜が　　→　　おとうと⌐が

　　　　e. 平板型　　ア｜メリカが　　　→　　アメリカが

　(12)は、(8)にあげた 4 拍名詞の五つのアクセント型を下がり目の位置をもとに表記し直したものです。この下がり目のことを**アクセント核**（または**アクセントの滝**）と言います。本書ではこれを（⌐）という記号で表記します。たとえば、(12b)の「ひこ⌐うき」は、語頭から 2 拍目（語末から 3 拍目）にアクセント核があることになります。なお(12e)の「アメリカ」のような表記は、ピッチの下がり目（アクセント核）がないこと、すなわち平板型であることを表します。

　アクセント辞典によっては、語頭から数えたアクセント核の位置によってアクセント型を表記する場合もあります。たとえば「ちゅうごく」は語頭1拍目に核があるので①、「ひこうき」は2拍目にあるので②、「アメリカ」は核のない平板型なので⓪という記号で表されるのです。

　本書では、**アクセント（型）**という言葉を「単語の中に現れるピッチの高低」という意味で、**アクセント核**（または単に**核**）を「ピッチの下がり目」という意味で用います。

3.1.4　アクセント型の傾向

　日本語のアクセントの型は限られており、n 拍の名詞に(n＋1)個の型しか存在しないことがわかりました。ところが興味深いことに、それぞれの型が均等に現れるわけではありません。(5)〜(8)にあげた数値からもわかるように、型の分布にはかなりの偏りが見られるのです。

　平板型が3拍、4拍の名詞に多く見られ、特に4拍名詞では7割近くを占めています。日本語は4拍の単語がもっとも多いので、平板型が日本語の特徴的なアクセント型と言うことができます。反対に、出現する割合がもっとも少ないのが(6b)(7c)(8d)のように助詞の直前にピッチの下がり目（核）の来る尾高型です。その割合は拍数が増えるにつれて減少し、4拍以上の語にはほとんど現れなくなります。しかしながら、この型は2拍、3拍名詞では少なからず現れますし、また大変発音しにくい型なので注意する必要があります。

　このように、アクセント型によって実際の出現頻度（しゅつげんひんど）が大きく異なりますので、出現頻度の高いアクセント型から順番に学習していくとよいでしょう。

1. これから聞こえてくる単語のアクセント（ピッチの高低）を書いてみましょう。また、それをもとに発音してみましょう。

　　a. トマトが　　　　b. こどもが　　　　c. むすめが　　　　d. やきゅうが

2. 同じ単語が、4通りのアクセント型で発音されます。それぞれどのように発音されたか、ピッチの高低を書いてみましょう。また、それをもとに発音してみましょう。

　　a. カメラ　　　　b. カメラ　　　　c. カメラ　　　　d. カメラ

3. 次の単語を記号通りに発音してみましょう。また、1拍目と2拍目のピッチが「高高」の連続で発音されてもよいものに印（しるし）をつけ、「低高」「高高」の両方で発音してみましょう。

　　a. かわ￢が（川が）　　　　　　　　　b. だいがくが（大学が）

　　c. もうけ￢が（儲けが）　　　　　　　d. テレフォンカ￢ードが

3.2 名詞のアクセント

　3.1.4節では「日本語は平板型が多く、尾高型が少ない」といった、アクセント型の傾向について見ました。それでは、単語にアクセントの規則性は見られるのでしょうか。たとえば、語を見ただけでそのアクセント型がわかるのでしょうか。残念ながら、すべての単語について予測できるとは言えません。それでも、多くの場面でアクセントの規則性が見られるのです。これから、そのようなアクセントの法則を品詞別に見ていきましょう。本節と次節で名詞のアクセントについて、続く3.4節で形容詞、3.5節で動詞のアクセントについて学習します。

3.2.1　外来語のアクセント

　日本語は、大きく分けて和語、漢語、外来語の3種類の語彙から成っています（1.2.3節）。和語は日本語に古くから存在する言葉で、漢字では「訓読み」のものです。漢語は1000年以上前から中国語より借用されてきたもので、中国語の発音に似た「音読み」で読まれる語彙です。そして外来語は、それ以降新しく日本語に入った、英語をはじめとするカタカナの語彙です。これらの3種類の語彙のうち、漢語のアクセントにはいくらかの、そして外来語のアクセントにはかなりの規則性が見られます。ここでは特に外来語のアクセントについて見ていきましょう。(13)の語を発音してみて下さい。

T8　0:01

(13) a. バ￢ナナ	オースト￢リア	ドラ￢イブ
チョコレ￢ート	バ￢ター	オレ￢ンジ
ビタ￢ミン	ヨーロ￢ッパ	パパ￢イア
アイスクリ￢ーム		

b. ラ￢イター	リサ￢イクル	コンピュ￢ーター
マネ￢ージャー	ワシ￢ントン	カレ￢ンダー
バドミ￢ントン	サ￢ッカー	カ￢ップル
カ￢ーテン		

　(13a)は語末から3拍目に、(13b)は語末から4拍目にアクセント核が置かれています。このうち(13b)をよく見ると、語末から4拍目にアクセント核のある語は、すべて語末3拍目が促音「っ」、撥音「ん」、引き音「ー」、二重母音の第二要素「い」という特殊拍によって占められているのがわかります(特殊拍については第2章参照)。つまり外来語では、アクセント核は原則として後ろから3拍目に置かれ、その拍が特殊拍である場合には、核が一つ前、すなわち語末から4拍目に移動する、ということになります。特殊拍は「アクセント核を持ちにくい」という面においても特殊であるわけです。

　ところで、外来語のアクセントは、もとの言語(英語、ドイツ語、フランス語など)のアクセントと必ずしも同じではありません。たとえば、(13a)にあげた「バ￢ナナ」「オレ￢ンジ」「チョコレ￢ート」「アイスクリ￢ーム」「オースト￢リア」「ヨーロ￢ッパ」などは英語のアクセントとは異なり、英語ではそれぞれ、ban<u>a</u>na, <u>o</u>range, ch<u>o</u>colate, <u>i</u>cecream, <u>Au</u>stria, <u>Eu</u>rope の下線部分にアクセントが置かれています。同じように、(13b)の「マネ￢ージャー」「ワシ￢ントン」「カレ￢ンダー」「バドミ￢ントン」も英語では、m<u>a</u>nager, W<u>a</u>shington, c<u>a</u>lendar, b<u>a</u>dminton であり、日本語のアクセントとは異なるのです。

　以上のことから、外来語のアクセントには次のような規則性があることがわかります。

● 外来語アクセント規則

(14)　a. 後ろから3拍目にアクセント核を置く。

　　　b. ただしその拍が特殊拍なら、直前の拍(後ろから4拍目)に核を置く。

　それでは、日本語に特徴的な平板型アクセントは外来語には現れないのでしょうか。その割合は和語・漢語に比べるとずっと少ないのですが、けっして現れないということはありません。平板型アクセントは外来語全体では10％程度の割合で現れ、その条件はかなり明確に決まっています。一つの条件は4拍語であること、二つ目は語末2拍が「自立拍＋自立拍」の連続であること、そして三つ目は語末拍の母音が口の開きの大きい[a, e, o]によって占められた場合です。この3条件をすべて満たしたとき、外来語はほぼ例外なく平板型で発音されます。拍の数と種類、そして最後の母音に注意して(15)を発音してみましょう。

T8　0:45

(15)　a. [a]　イタ<u>リア</u>　　カナ<u>リア</u>　　アメ<u>リカ</u>　　ラザ<u>ニア</u>　　キャン<u>ベラ</u>

　　　b. [e]　イン<u>フレ</u>　　コン<u>ソメ</u>　　ウク<u>レレ</u>　　モル<u>ヒネ</u>　　マロ<u>ニエ</u>

c. ［o］ ステレ**オ**　　メキ**シ**コ　　エジプ**ト**　　スト**ロボ**　　アイダ**ホ**

　なお、外来語に尾高型は現れにくく、またアクセント核が語末から2拍目に来る単語
（たとえば「コーヒ⌐ー」、「ブル⌐ー」、「ツイ⌐ン」）も非常に少ないようです。

3.2.2　名前のアクセント

　日本人の名前の多くは、末尾の部分（漢字）によって男女が区別されています。アクセ
ントの型も、末尾の部分によってほぼ決まっており、末尾漢字が同じであれば同じアク
セント型になる傾向があります。日本人の代表的な男女名とそのアクセント型を見てみ
ましょう。（16）～（18）は3拍の女子名、（19）、（20）は同じ長さの男子名です。男女い
ずれの名前も頭高型か、あるいは平板型で発音されます。末尾の漢字に注意して発音し
てみましょう。

（16）　こ（子）→ 頭高型　　　　　　　　　　　　　　　　　　　T8　1:02

　　　　ま⌐さこ（昌子）　　よ⌐しこ（良子）　　あ⌐つこ（敦子）　　か⌐ずこ（和子）

　　　　は⌐るこ（晴子）　　き⌐よこ（清子）　　さ⌐とこ（里子）　　と⌐もこ（友子）

（17）　え（恵・江・枝・絵）→ 平板型　　　　　　　　　　　　　T8　1:08

　　　　まさえ（昌恵）　　よしえ（良恵）　　あつえ（敦江）　　かずえ（和江）

　　　　はるえ（晴枝）　　きよえ（清枝）　　さとえ（里絵）　　ともえ（友絵）

（18）　み（美・実）→ 平板型　　　　　　　　　　　　　　　　　T8　1:13

　　　　まさみ（昌美）　　よしみ（良美）　　あつみ（敦美）　　かずみ（和美）

　　　　はるみ（晴実）　　きよみ（清実）　　さとみ（里実）　　ともみ（友実）

（19）　お（雄・夫・男）→ 平板型　　　　　　　　　　　　　　　T8　1:19

　　　　まさお（正雄）　　よしお（良雄）　　あつお（敦雄）　　かずお（和雄）

　　　　はるお（晴夫）　　あきお（昭夫）　　のりお（紀男）　　ひでお（秀男）

（20）　し（史・詞・志・士）／じ（二・治・司・次）→頭高型　　T8　1:25

　　　　ま⌐さし（正史）　　ひ⌐ろし（浩詞）　　あ⌐つし（敦志）　　か⌐ずし（和士）

　　　　け⌐んじ（健二）　　こ⌐うじ（孝治）　　し⌐んじ（伸司）　　ひ⌐でじ（秀次）

また、前部要素(前半の漢字)の拍の種類がアクセントに影響を与える場合もあります。たとえば、末尾に「一」のつく名前は、(21)のアクセント型を示します。

T8　1:33

(21)　いち(一)

　　　a. 前部が1拍または2拍(自立拍＋自立拍)→前部の最終拍

　　　ぎ￢いち(義一)　　き￢いち(喜一)　　よ￢いち(与一)　　に￢いち(二一)

　　　ひこ￢いち(彦一)　まさ￢いち(正一)　かつ￢いち(勝一)

　　　やす￢いち(安一)

　　　b. 前部が2拍(自立拍＋特殊拍)→平板型

　　　こういち ̄(浩一)　　けんいち ̄(健一)　　しんいち ̄(真一)　　さいいち ̄(才一)

2拍の名前は、性別や漢字にかかわらず(22)のように頭高型で発音されます(1拍の名前はほとんど存在しません)。また、形容詞をもとにできた名前は頭高型(23)で、動詞からの名前は平板型(24)で発音される傾向があります。

T8　1:49

(22)　2拍の名前 → 頭高型

　　　a. 男：りょ￢う(遼)　　て￢つ(鉄)　　　し￢ん(伸)

　　　　　しょ￢う(翔)　　き￢ん(均)

　　　b. 女：み￢き(美紀)　　え￢み(恵美)　　ち￢え(千絵)

　　　　　ま￢り(麻里)　　あ￢や(綾)

T8　2:00

(23)　形容詞からの名前 → 頭高型

　　　a. 男：あ￢きら(明)　　た￢かし(貴)　　き￢よし(清)

　　　　　ひ￢とし(等)

　　　b. 女：し￢ずか(静)　　は￢るか(遥)　　さ￢やか(清)

　　　　　ま￢どか(円)

T8　2:12

(24)　動詞からの名前 → 平板型

　　　a. 男：まもる ̄(守)　　たもつ ̄(保)　　すすむ ̄(進)

　　　　　みのる ̄(実)　　まさる ̄(勝)

　このように名前のアクセント型も、外来語の場合とほぼ同じように、語末から3拍目（2拍語の場合には語末から2拍目）に核が置かれるか、または核が置かれない平板型が一般的であることがわかります。

㊝㊙㊙㊙　　　　　　　　　　　　　　　T8　2:24

1. 次のカタカナの地名を日本語で発音してみましょう。

　　a. ローマ　　　　　　b. ベネチア　　　　　　c. ウェリントン

　　d. ユーゴスラビア　　e. アフリカ　　　　　　f. ジャカルタ

2. 次にあげる外来語は二つ以上の表記で日本に広まっています。それぞれどのようにアクセントが変わるか、拍数などに注意して発音してみましょう。

　1) a. ラザニア　　　　　　　　　　2) a. チューリヒ

　　　b. ラザーニャ　　　　　　　　　　 b. チューリッヒ
　　　（lasagna：食べ物の名前）　　　　（Zurich：スイスの都市名）

　3) a. カステラ　　　　　　　　　　4) a. メキシコ

　　　b. カステーラ　　　　　　　　　　 b. メヒコ
　　　（castella：お菓子の名前）　　　　（Mexico：国名）

　5) a. バレンチノ　　　　　　　　　6) a. フェラガーモ

　　　b. ヴァレンティーノ　　　　　　　 b. フェラガモ
　　　（Valentino：ブランド名）　　　　（Ferragamo：ブランド名）

3.3 複合名詞のアクセント

3.3.1 複合語とは

(25a〜d)と(26a〜d)の例を、聞き比べてみましょう。

T9 0:01

(25) a. あおい　えんぴつ　　（青い鉛筆）

b. ようじの　きょういく（幼児の教育）

c. なごやの　だいがく　（名古屋の大学）

d. ペルシャの　ねこ　　（ペルシャの猫）

T9 0:16

(26) a. あおえんぴつ　　　　（青鉛筆：あお＋えんぴつ）

b. ようじきょういく　　（幼児教育：ようじ＋きょういく）

c. なごやだいがく　　　（名古屋大学：なごや＋だいがく）

d. ペルシャねこ　　　　（ペルシャ猫：ペルシャ＋ねこ）

(25)の例は、「青い＋えんぴつ」、「幼児＋の＋教育」、「名古屋＋の＋大学」、「ペルシャ＋の＋猫」のように、二つ以上の単語からできています。このような構造を句(ここでは名詞句)と言います。これに対し(26)は、(25)の例と同じように複数の単語からできていますが、全体として一つの語にまとまっているのです。このような語を複合語と言います。

　(25)と(26)はまず、形(形態)の上で異なっています。(26)では、形容詞の活用語尾の「い」や助詞の「の」などが消えています。また、両者には意味の違いもあり、多くの複合語は、一語としての特別な意味を持っているのです。たとえば(25a)の「青い鉛筆」は、文字通り外見(外側)が青い鉛筆のことで、芯は青くなくてもかまいません。これに対し(26a)の「青鉛筆」は、芯が青い、つまり青い色の出る鉛筆のことを指します。同じように、(25c)は文字通り、名古屋にある大学すべてを意味しますが、(26c)は名古屋の一国立大学のことしか指しません。つまり(26)の表現は、意味も一語としてまとまっているのです。

3.3.2　発音上のまとまり

　複合語には形の上からも意味の上からも一語としてのまとまりが見られますが、音声データを聞いてわかるように、発音の面でもまとまりが作られています。

　3.1節で、単語のアクセントには制約があり「語の中で一度下がったピッチは二度と上がらない」ということを確認しました。二語以上で構成されている (25) の句のアクセントを見ると、実際に (25a) では「あおい」の「い」で下がったピッチが「えんぴつ」の2拍目「ん」で、ふたたび上がっているのがわかります。これによって発音の面からも「ここから別の単語が始まった」という合図(信号)が送られるのです。(25b 〜 d) も基本的に同じです。

　次に、(26) の複合語の例を見てみましょう。(26a) の前の要素「あお」のアクセント核が消えて「あお」となり、後ろの要素「えんぴつ」と「高」のピッチで結びつくようになっているのがわかります。同時に、後部1拍目の「え」のピッチも上昇して、前部と「高」のピッチで結びつきます。これで発音上、単語の境界が消えたことになるわけです。これに加えて、平板型であった後部要素の1拍目に複合語のアクセント核が生じます。同じように (26b) でも、前部の「ようじ」の核が消え「ようじ」となり後部に連結し、一方、後部の「きょういく」も「きょういく」というアクセント型になります。(26) の表現では、二つ以上の単語を発音(アクセント)の面でも一語にまとめようとしているのです。このように、複合語を形成するときは形態や意味だけでなく音声も大きく関与してきます。

　複合語は単語と単語が結合して作られますので、あなた自身が無限に新しい語を造ることもできます。しかし複合語には複合語のアクセント型がありますので、その規則を正しく習得する必要が出てくるのです。ここではまず、複合名詞のアクセントの規則を学んでみましょう。

　複合名詞のアクセント型は、おもに後部に来る要素(第二要素)の長さ(拍数)とアクセント型によって決まります。前部要素(第一要素)はアクセント核を失い後部に結合する役目しか持っていません。つまり、後部要素が同じ単語であれば、前に来る要素に関わりなく原則として、複合名詞全体のアクセント型は同じになるのです。たとえば (27) を発音してみましょう。

T9　0:32

(27)　a. し⌐（市）→ ‥‥⌐し

　　　おおさか⌐し（大阪市）　こうべ⌐し（神戸市）　　ながさき⌐し（長崎市）

　　b. け￢ん(県) → ‥‥￢けん

　　　　あいち￢けん(愛知県)　　　ぎふ￢けん(岐阜県)　　　みえ￢けん(三重県)

　　c. だいがく(大学) → ‥‥だ￢いがく

　　　　とうきょうだ￢いがく(東京大学)

　　　　ケンブリッジ だ￢いがく(ケンブリッジ大学)

　複合名詞のアクセントの傾向は、後部要素の拍数によって(28)の三つのタイプに分けられます。このうち(28b, c)のように後部が3拍以上の場合は、かなりの規則性が見られます(3.3.4節、3.3.5節)。

> ● 後部要素の拍数の分類
>
> (28)　a. 後部が2拍以下　：き￢(木)　　ま￢ど(窓)　　うま￢(馬)　　あじ(味)
>
> 　　　 b. 後部が3拍、4拍 ：カ￢メラ　　おとこ￢(男)　　がっこう(学校)
>
> 　　　 c. 後部が5拍以上 ：アルゼ￢ンチン　　たいおんけい(体温計)
>
> 　　　　　　　　　　　　　けんびきょう(顕微鏡)

3.3.3　後部が2拍以下の複合語

　まず、後部が2拍以下の場合を見てみましょう。この場合、原則として前部要素の最後の拍にアクセント核が置かれます。ただし、(29d, e)のように前部の最終拍が特殊拍(下線部分)の場合には、特殊拍が核を担（にな）いにくいため、核が一つ前の自立拍に移ります。これは3.2.1節で見た外来語アクセントの場合と同じです。

T9　0:47

(29)　a. く￢(区)　　　　→ ちよだ￢く(千代田区)　　みなと￢く(港区)

　　　 b. け￢ん(券)　　 → まえうり￢けん(前売り券)

　　　　　　　　　　　　　おしょくじ￢けん(お食事券)

　　　 c. もち(餅)　　　 → かがみ￢もち(鏡餅)　　　わらび￢もち(わらび餅)

　　　 d. りょ￢う(料) → つうわ￢りょう(通話料)　　つうこ￢うりょう(通行料)

　　　 e. か￢い(会)　　 → うんど￢うかい(運動会)　　こんし￢んかい(懇親会)

　(29)の一般的な型に加え、(30)のように後部のアクセント核を保持（ほじ）する場合もわずかながらあります。

(30)　a.　ね⌐こ（猫）　　→　ペルシャね⌐こ（ペルシャ猫）　　まねきね⌐こ（招き猫）

　　　b.　ビ⌐ル　　　　　→　こうそうビ⌐ル（高層ビル）　　ざっきょビ⌐ル（雑居ビル）

　　　c.　か⌐し（菓子）　→　こおりが⌐し（氷菓子）　　　　せいようが⌐し（西洋菓子）

また後部が尾高型の和語や、漢語の場合には(31)のように、例外的に複合名詞全体が平板型で発音されることもあります。

(31)　a.　いろ⌐が（色）　　→　みどりいろが（緑色）　　　さくらいろが（桜色）

　　　b.　へや⌐が（部屋）　→　となりべやが（隣部屋）　　すもうべやが（相撲部屋）

　　　c.　うで⌐が（腕）　　→　ひだりうでが（左腕）　　　ききうでが（利き腕）

　　　d.　と⌐うが（党）　　→　きょうさんとうが（共産党）　じみんとうが（自民党）

　以上、後部が2拍までの長さを持つ複合語に三つのアクセント型があることを示しました。しかしながら、これらの三つの型は、基本的に前部が3拍以上の場合に規則的に現れ、前部も2拍以下の場合には、アクセントの予測が困難になります。たとえば、「券」という2拍名詞を後部要素とする複合語は、前部が3拍以上の長さであれば(29b)のように、ほぼ例外なく「・・⌐けん」（券）という型がとられますが、前部が「た⌐だ」（只）のような2拍の語であると、「ただけん」（只券）のようにアクセント型が変わります。同じように(29e)の「・・⌐かい」（会）の場合も、前部に2拍の「た⌐い」（大）という語が来ると「たいかい」（大会）のように型が変化してしまいます。このように、前部と後部がともに2拍以下の場合には、複合語のアクセント規則が働きにくくなり、単純名詞のアクセント型（前述の(7)や(8)）が現れるようになります。

3.3.4　後部が3拍・4拍の複合語

　次に、後部が3拍、4拍名詞の場合を見てみましょう。この場合ほぼ例外なく、後部のアクセント型によって複合名詞全体のアクセント型が予測できます。後部要素のアクセント型別に観察しましょう。後部要素のアクセント核を残すかどうかという観点から見ると、後部が頭高型(32a)と中高型(32b)のとき、複合名詞は後部要素のアクセント核を残し、一方、尾高型(32c)や平板型(32d)のときは、新たな核が後部1拍目に置かれます。

(32)　a. 後部=頭高型

カ￢メラ　→　こがたカ￢メラ(小型カメラ)　デジタルカ￢メラ

こ￢んじょう → どこ￢んじょう(ど根性)

しまぐにこ￢んじょう(島国根性)

　　　b. 後部=中高型

ひこ￢うき　→　かみひこ￢うき(紙飛行機)

ジェットひこ￢うき(ジェット飛行機)

ブレ￢ーキ　→　エンジンブレ￢ーキ　　きゅうブレ￢ーキ(急ブレーキ)

　　　c. 後部=尾高型

おとこ￢　→　ゆきお￢とこ(雪男)　　　おおお￢とこ(大男)

むすめ￢　→　ひとりむ￢すめ(一人娘)　はこいりむ￢すめ(箱入り娘)

　　　d. 後部=平板型

やきゅ￣う　→　プロや￢きゅう(プロ野球)　くさや￢きゅう(草野球)

おおさ￣か　→　しんお￢おさか(新大阪)　ひがしお￢おさか(東大阪)

　ところで、(32b)の中高型についてもう少し詳しく述べるなら、核が語末から2拍目にある場合はその核が消え、(33)のように後部1拍目に新たな核が生じることがあります。これは核が語末にある尾高型(32c)に準じた型であると言えます。つまり複合語のアクセント型は、後部のアクセント核が比較的前の方にあればそれを保持し、後ろの方にあれば(あるいは平板型であれば)、核を後部1拍目に置くということになるのです。

(33)　a. さと￢う(砂糖)　→　くろざ￢とう(黒砂糖)　こおりざ￢とう(氷砂糖)

　　　b. ここ￢ろ(心)　→　おんなご￢ころ(女心)　さとご￢ころ(里心)

　　　c. たま￢ご(卵)　→　なまた￢まご(生卵)　おんせんた￢まご(温泉卵)

　　　d. じょうけ￢ん(条件) → あくじょ￢うけん(悪条件)　むじょ￢うけん(無条件)

　以上の話をまとめると、後部が3拍・4拍の複合語アクセントは次のような規則になります。

（34）　a．後部の前の方に核があるとき（後部＝頭高型・中高型）

　　　　→ 後部のアクセント核を残す。

　　　b．核が後部の語末にあるとき、または核がないとき（後部＝尾高型・平板型）

　　　　→ 後部の1拍目にアクセント核を置く。

　　　c．核が後部の語末から2拍目にあるとき

　　　　→ 後部の1拍目に核が生じる場合もある。

3.3.5　後部が5拍以上の複合語

　後部が5拍以上の場合は、原則としてすべて後部のアクセント型が保持されます。後部が核を持つ語であれば、(35a)のようにその核が残ります。後部が平板型の場合は、前節の(32d)とは異なり、(35b)のように後部要素のアクセント型が複合名詞全体の型として残ります。なお、3.1.4節で述べたように、5拍以上の語に尾高型はほとんど現れません（「さいばんしょ￣」（裁判所）は例外的な語です）。

T9　1:58

（35）　a．核あり

　　　　オリンピ￣ック　→　シドニーオリンピ￣ック

　　　　ものが￣たり　→　イソップものが￣たり（イソップ物語）

　　　　さいばんしょ￣　→　ちほうさいばんしょ￣（地方裁判所）

　　　b．平板型

　　　　ぼうえんきょう￣　→　てんたいぼうえんきょう￣（天体望遠鏡）

　　　　カリフォルニア￣　→　みなみカリフォルニア￣（南カリフォルニア）

　　　　たいおんけい￣　→　でんしたいおんけい￣（電子体温計）

　5拍以上の名詞は(35b)の「カリフォルニア￣」のような平板型がもともと少なく、「オリンピ￣ック」のように語末から3拍目にアクセント核のある語が一般的なため、結果として複合語でも(35a)の型の割合が多くなります。つまり、この種の複合語においても、「後部が2拍・3拍の複合語」や「外来語」、「名前」のアクセントと同じように、核が語末から3拍目に置かれる傾向が強いということになります。

3.2節と3.3節をまとめると、名詞全体のアクセント型の傾向は次のようになります。

● 名詞のアクセント傾向

（36）　a. 語末から3拍目にアクセント核（ピッチの下がり目）が来やすい。

　　　　b. ただし、平板型となる語も多く、特に4拍名詞はその傾向が強い。

　　　　c. 複合語になったとき、a. の傾向がより強くなる。

T9　2:14

1. 下の2語が複合名詞として1語にまとまったときのアクセント（ピッチの高低）を発音しましょう。特殊拍にも気をつけて下さい。またアクセントの型がどのように変わったか高低を書いてみましょう。

（例）　ビ￢デオ　＋　カ￢メラ　　　→　ビ￣デオカ￢メラ

1)　で￢んき　＋　じど￢うしゃ　　→　でんきじどうしゃ（電気自動車）

2)　きょ￢う　＋　ことば￢　　　　→　きょうことば（京言葉）

3)　か￢がく　＋　けんきゅうじょ￣　→　かがくけんきゅうじょ（科学研究所）

4) a. テ￢レビ　＋　きょ￢く　　　　→　テレビきょく（テレビ局）

　　b. ゆうびん￣　＋　きょ￢く　　　→　ゆうびんきょく（郵便局）

5) a. どろぼう￣　＋　ね￢こ　　　　→　どろぼうねこ（どろぼう猫）

　　b. ね￢こ　　＋　どろぼう￣　　　→　ねこどろぼう（猫どろぼう）

3.4　形容詞のアクセント

3.4.1　終止形・連体形のアクセント

　n拍の名詞には(n+1)通りのアクセント型が存在すると述べました(3.1.3節)。これに対し、形容詞のアクセントはずっと単純で、語の長さに関わりなく(37a, b)の2種類しかありません。このうち、語末から2拍目に核の来る(37a)の型が、平板型の(37b)に比べ多く現れます。

T10　0:01

(37)　形容詞のアクセント(終止形^{しゅうしけい}・連体形^{れんたいけい})

　　a. 語末から2拍目

あお⌐い(青い)	しろ⌐い(白い)	あつ⌐い(暑い／熱い)
から⌐い(辛い)	にが⌐い(苦い)	すっぱ⌐い(酸っぱい)
わか⌐い(若い)	ひろ⌐い(広い)	やわらか⌐い(柔らかい)
たか⌐い(高い)	ひく⌐い(低い)	すずし⌐い(涼しい)
よ⌐い(良い)	な⌐い(無い)	お⌐おい(多い)

　　b. 平板型

あかい(赤い)	あまい(甘い)	つめたい(冷たい)
あつい(厚い)	かるい(軽い)	きいろい(黄色い)
くらい(暗い)	まるい(丸い)	あかるい(明るい)
かなしい(悲しい)	やさしい(優しい／易しい)	

(37a)の最後に「お⌐おい」(多い)という、語末から3拍目に下がり目の来る例がありますが、これは2拍目が特殊拍^{とくしゅはく}のため、核が一つ前(語末から3拍目)に移動したものと思われます。この移動現象は、外来語(3.2.1節)や複合名詞(3.3節)のところでも確認しました。

　平板型の形容詞が名詞を修飾^{しゅうしょく}するとき、その名詞の語頭拍は普通低くならず、(38)のように、「高」のピッチで発音されます。もし、(38)の(　)のように、後部の語頭1拍目を「低」で発音したら、後部要素が強調^{きょうちょう}されたように聞こえます。ですから、特にどちらか一方だけを強調するというのでなければ(38)のように発音し、後部を強調したいときには(38)の(　)のように発音すればよいでしょう。なお、強調については4.3節で詳しく学習します。

(38)　a. あまい　＋　おかしが　→　あまいおかしが　（あまいおかしが）
　　　　　　　　　　　　　　　　　　　　　　　　　　　　（甘いお菓子が）

　　　b. やさしい　＋　おとなに　→　やさしいおとなに　（やさしいおとなに）
　　　　　　　　　　　　　　　　　　　　　　　　　　　　（優しい大人に）

　　　c. かなしい　＋　はなしを　→　かなしいはなしを　（かなしいはなしを）
　　　　　　　　　　　　　　　　　　　　　　　　　　　　（悲しい話を）

　　　d. つめたい　＋　こころも　→　つめたいこころも　（つめたいこころも）
　　　　　　　　　　　　　　　　　　　　　　　　　　　　（冷たい心も）

　(38)は「形容詞＋名詞」という、名詞を中心とする一つのまとまり（名詞句）です。このまとまりに対し、発音の上でもまとまりが与えられるのです（(37a)のような核のある形容詞が名詞を修飾する場合については、4.2節で詳しく述べることにします）。

3.4.2　活用形のアクセント

　その他の活用形（かつようけい）のアクセント型を見てみましょう。これらはすべて終止形のアクセント型をもとに、(39a, b)のように2種類の型に分けられるのです。なお、(39)の(　)の中は活用しない（変化しない）部分で、語幹（ごかん）と呼ばれています。

　終止形に核のある(37a)の形容詞の場合は、(39a)のように語幹の後ろから2拍目に核が置かれます。終止形と比べると、核が一つ左側の拍に置かれることになるのです。一方、終止形が平板型の場合には(39b)のように連用形のみ平板型となり、そのほかの活用形では語幹の最後の拍に核が置かれます。(39a)と比べると一つ右側の拍に核が生じるわけです。

(39)

a.　終止形に核あり

終止形（しゅうしけい）	：連用形（れんようけい）[く形]	連用接続形（れんようせつぞくけい）[て形]	過去形（かこけい）[た形]	条件形（じょうけんけい）[ば形]
（ひろ˥）い	：（ひ˥ろ）く	（ひ˥ろ）くて	（ひ˥ろ）かった	（ひ˥ろ）ければ
（たか˥）い	：（た˥か）く	（た˥か）くて	（た˥か）かった	（た˥か）ければ
（すずし˥）い	：（すず˥し）く	（すず˥し）くて	（すず˥し）かった	（すず˥し）ければ

b. 終止形に核なし（平板型）

終止形	連用形［く形］	連用接続形［て形］	過去形［た形］	条件形［ば形］
（まる）い	（まる）く	（まる￢）くて	（まる￢）かった	（まる￢）ければ
（やさし）い	（やさし）く	（やさし￢）くて	（やさし￢）かった	（やさし￢）ければ
（あかる）い	（あかる）く	（あかる￢）くて	（あかる￢）かった	（あかる￢）ければ

なお、終止形が(37a)の場合でも、連用形を除き、(39b)の型も許容されることがあります。たとえば「（ひ￢ろ）くて、（ひ￢ろ）かった」という活用形が「（ひろ￢）くて、（ひろ￢））かった」となる傾向を示します。

　形容詞の活用形のアクセント型をまとめると、次のようになります。

● 形容詞活用形のアクセント規則

(40)　　　終止形・連体形のアクセント　　　活用形のアクセント

　　a. アクセント核あり　　　→　語幹の後ろから2拍目にアクセント核を置く。
　　　　　（連用形を除き、次の b. の型も許容される）

　　b. アクセント核なし（平板型）　→　語幹の最後の拍にアクセント核を置く。
　　　　　（ただし連用形のみ平板型のまま）

3.4.3　複合形容詞のアクセント

　「肌寒い」（はだ＋さむい）や「青白い」（あお＋しろい）のように、2語以上の単語がまとまって1語になった形容詞を、複合形容詞と呼びます。後部要素が形容詞であればその複合語は複合形容詞となるわけです。

　複合形容詞の場合も3.3節で述べた複合名詞と同じように、前部要素はアクセント核を失い、後部要素に結合します。後部要素の語頭のピッチも「低」から「高」になり、前部要素と結びつきます。ですから、たとえば(41)のようなペアもピッチの違いによって発音上区別されます。

T10　0:50

(41)　a. た｜ばこく｜さ｜い。（たばこ、臭い）

　　　b. た｜ばこくさ｜い。（たばこ臭い）

(41a)は助詞の省略された2語から成る文で「(今ここにある)たばこが臭い」という意味ですが、一方の(41b)は、複合形容詞1語による文で「(この服／部屋は)たばこ臭い」などのように、「たばこ臭い」全体で1語として働きます。この2語か1語かという違いが、「くさい」の語頭「く」のピッチの違いによって現されています。(41a)では、「く さ い」の「く」がそのまま「低」のピッチで現れ、これによって前の単語との境界が示されます(2語の間に短いポーズが入るときもあります)。これに対し(41b)では、「く」のピッチが「低」から「高」になり、前部と同じ「高」で結合しています。これによって一語化されたわけです。これは3.3.2節で述べた複合名詞の場合とまったく同じです。

　しかし、複合形容詞のアクセント型は複合名詞よりもずっと単純で、前部・後部の拍数やアクセント型に関わらず、(42)のように後部の語末から2拍目に核が置かれます。

T10　1:00

(42)　a.　しろ￣い　→　あおじろ￣い(青白い)　　まっしろ￣い(真っ白い)

　　　　　ほそ￣い　→　こころぼそ￣い(心細い)　　ながぼそ￣い(長細い)

　　　b.　くらい￣　→　ほのぐら￣い(ほの暗い)　　うすぐら￣い(薄暗い)

　　　　　かなしい￣　→　ものがなし￣い(もの悲しい)　　うらがなし￣い(うら悲しい)

(42b)に関しては後部の平板型が残される発音(たとえば「や さしい」→「な まやさしい」)も許容されますが、最近では、語末2拍目に核が置かれる(42b)の型が好まれる傾向があります。つまり、複合形容詞のアクセント型は前部・後部がどのような組み合わせであろうと、基本的に語末から2拍目にアクセント核を置けばよいわけです。なお、複合形容詞の活用形のアクセント型は(39)に示した活用形と同じです。

　複合形容詞のアクセントの規則をまとめると、次のようになります。

● 複合形容詞のアクセント規則

(43)　a.　前部のアクセント核を消し、原則として後部の語末から2拍目に核を置く。

　　　b.　後部が平板型の場合、その型を残してもよい(最近は a. の型に従う場合が多い)。

　3.4節で述べてきたことをまとめると、形容詞のアクセントには次のような傾向が見られます。

（44）　a. 語末から2拍目に核が置かれるのが一般的である。

　　　　b. 平板型も一部に現れる。

　　　　c. 複合語になったとき、a. の傾向がより強くなる。

T10　1:18

練 習 問 題

1. 次の形容詞の活用形を正しいアクセントで発音してみましょう。

	終止形	連用形（く）	過去形（た）	連用接続形（て）	条件形（ば）
a.	こわ￢い	こわく	こわかった	こわくて	こわければ（怖い）
b.	あか￣い	あかく	あかかった	あかくて	あかければ（赤い）

2. 次の単語を正しいアクセントで発音してみましょう。

　　a. なまぬるい（生ぬるい）　　　　　b. こころやさしい（心優しい）

　　c. ちからづよい（力強い）　　　　　d. まんまるい（真ん丸い）

3.5　動詞のアクセント

3.5.1　終止形・連体形のアクセント

　動詞も形容詞と同じようにアクセントの型が非常に少なく、(45)の2種類に分かれます。終止形のアクセントは、語末2拍目にアクセント核のある(45a)の型と、核のない平板型(45b)とに、ほぼ同じ割合で分かれます。

T11　0:01

(45)　a. 語末から2拍目に核

2拍語	3拍語	4拍語
みˉる(見る)	はなˉす(話す)	よろこˉぶ(喜ぶ)
よˉむ(読む)	あるˉく(歩く)	つかれˉる(疲れる)
かˉく(書く)	およˉぐ(泳ぐ)	そだてˉる(育てる)
くˉる(来る)	なげˉる(投げる)	あつまˉる(集まる)
	とˉおる(通る)	

b. 平板型

2拍語	3拍語	4拍語
いく(行く)	うたう(歌う)	はたらく(働く)
かう(買う)	とまる(止まる)	はじまる(始まる)
ねる(寝る)	きえる(消える)	わすれる(忘れる)
する(する)	われる(割れる)	おしえる(教える)

　なお、語末から3拍目に核が置かれる型（「とˉおる」(通る)、「はˉいる」(入る)など）は、核が置かれるはずの語末2拍目が特殊拍のため、核が直前の拍に移動した結果であると考えられます(3.2.1節、3.3.3節、3.4.1節)。

　このように動詞には二つのアクセント型がありますが、名詞や形容詞の場合と同じく、どの語がどのアクセント型をとるかは、残念ながらほとんど予測できません。ただ、終止形が「つ」という拍で終わる動詞は、(46)のように、ほぼ例外なく(45a)の型となります。

（46） う￢つ（打つ／撃つ／討つ）、も￢つ（持つ）、ま￢つ（待つ）、た￢つ（立つ／経つ）、か￢つ（勝つ）、たも￢つ（保つ）、そだ￢つ（育つ）、わか￢つ（分かつ）

3.5.2　活用形のアクセント

　次に活用形について見てみましょう。形容詞の場合と同じように、活用形のアクセントは終止形（連体形）のアクセント型によって決まります。したがって、活用形もアクセント型が二つに分かれます。終止形にアクセント核がある場合、活用形は(47a)のアクセント型になり、一方、終止形が平板型の場合は(47b)のような型になります。

T11　0:17

(47)　動詞の活用形アクセント

a. 終止形・連体形	否定（ない形）	過去（た形）	連用接続（て形）	条件（ば形）
み￢る	み￢ない	み￢た	み￢て	み￢れば
よ￢む	よま￢ない	よ￢んだ	よ￢んで	よ￢めば
はな￢す	はなさ￢ない	はな￢した	はな￢して	はな￢せば
そだて￢る	そだて￢ない	そだ￢てた	そだ￢てて	そだて￢れば

b. 終止形・連体形	否定（ない形）	過去（た形）	連用接続（て形）	条件（ば形）
ねる	ねない	ねた	ねて	ねれ￢ば
きく	きかない	きいた	きいて	きけ￢ば
うたう	うたわない	うたった	うたって	うたえ￢ば
おしえる	おしえない	おしえた	おしえて	おしえれ￢ば

　終止形にアクセント核がある(47a)の場合、活用形のアクセントは次のようになります。まず、否定形は「―ない」の直前に核が置かれ、また過去形、連用接続形、条件形は、それぞれ「―た」、「―て」、「―ば」の二つ前の拍に核が置かれます。ただし、「見た」のように「―た」の前に1拍しかないものは「み￢た」のように、「た」の直前の拍に核が置かれます。これに対し、(47b)のように終止形が平板型の動詞は、活用形のほとんども平板型で発音されます。ただし、条件形「―ば」の場合には、「―ば」の直前の拍に核が置かれます。実際に発音して違いを確かめましょう。

　以上のことから、動詞の活用形のアクセント型は(48)のようにまとめることができます。

● 動詞活用形のアクセント規則

(48)

a．終止形にアクセント核あり

終止形・連体形	否定(ない形)	過去(た形)	連用接続(て形)	条件(ば形)
…○⌐○#	…○○⌐ない	…○⌐○た	…○⌐○て	…○⌐○ば

b．終止形が平板型

| …○○‾# | …○○‾ない | …○○‾た | …○○‾て | …○○⌐ば |

　また、動詞が「ます」に続く場合は、(48a, b)のいずれの場合でも語幹の部分の核が消え、すべて「‥○○ま⌐す」という型になります(たとえば「見ま⌐す」、「聞きま⌐す」)。ここから派生した名詞の多くも平板型か、語末までピッチの高い尾高型で発音されます(たとえば「いきが‾」(行き)、「わらいが‾」(笑い)、「かえり⌐が」(帰り)、「およぎ⌐が」(泳ぎ))。

　核のない(48b)の動詞が名詞を修飾して名詞句を形成したり、あるいは動詞と結びついた場合、その名詞や動詞は低く始まらず、(49)のように「高」のピッチで結合します。これは(38)で見た「形容詞＋名詞」の場合と同じです(たとえば「あ‾まい＋お‾かしが→あ‾まいおか⌐しが」など)。このようにして、発音上も句としてのまとまりが作られているのです。

T11　0:48

(49)　a．こ‾おった ＋ か‾わが 　→　こ‾おったかわが‾(凍った川が)

　　　b．わ‾れない ＋ お‾さらを 　→　わ‾れないおさらを(割れないお皿を)

　　　c．は‾たらく ＋ お‾とうさんに →　は‾たらくおと‾うさんに(働くお父さんに)

　　　d．あ‾そびに ＋ い‾きます 　→　あ‾そびにいきま‾す(遊びに行きます)

　　　e．お‾くって ＋ も‾らう 　→　お‾くってもらう‾(送ってもらう)

　　　f．な‾いて ＋ か‾なしんだ →　な‾いてかなし‾んだ(泣いて悲しんだ)

3.5.3　複合動詞のアクセント

　複合形容詞(3.4.3節)と同じように、現在の複合動詞のアクセントは前部・後部要素
がどのようなアクセント型であっても、全体として(50)に示した一つの型に集中する傾
向があります。具体的には、前部・後部の核の有無に関わらず、複合動詞全体で語末か
ら2拍目に核が置かれます。

T11　0:56

(50)　a.　ある￢く　＋　つかれ￢る　　→　あるきつかれ￢る(歩き疲れる)

　　　　　み￢る　＋　すぎ￢る　　→　みすぎ￢る(見過ぎる)

　　　b.　ある￢く　＋　つづける　　→　あるきつづけ￢る(歩き続ける)

　　　　　み￢る　＋　わたす　　→　みわた￢す(見渡す)

　　　c.　おう　＋　だ￢す　　→　おいだ￢す(追い出す)

　　　　　ころがる　＋　おち￢る　　→　ころがりおち￢る(転がり落ちる)

　　　d.　おう　＋　ぬく　　→　おいぬ￢く(追い抜く)

　　　　　ころがる　＋　はじめる　　→　ころがりはじめ￢る(転がり始める)

　3.5節では、動詞のアクセントについて述べました。これまでの話をまとめると次の
ようになります。

● 動詞のアクセント傾向

(51)　a. 語末から2拍目にアクセント核が来る型と平板型が、ほぼ同じ割合で現れる。

　　　b. 複合動詞では、語末から2拍目にアクセント核が来る型が多くなる。

1. 次の動詞の活用形を発音してみましょう

終止形：	否定形（ない）	過去形（た）	連用接続形（て）	条件形（ば）
a. もらう：	もらわない	もらった	もらって	もらえば（貰う）
b. いそ⌐ぐ：	いそがない	いそいだ	いそいで	いそげば（急ぐ）

2. 次の複合動詞を正しいアクセントで発音してみましょう。

a. かいわすれる（買い忘れる）　　　　b. あそびつかれる（遊び疲れる）

c. いいまちがえる（言い間違える）　　　d. ひびわれる（ひび割れる）

3.6.1　助詞のアクセント

　助詞は、文の中で単語同士の意味関係を決める重要な働きをしています。しかし**付属語**（ふぞく・ご）と呼ばれることからもわかるように、助詞は文法的には名詞や動詞などの自立語につながった形でしか現れません。発音の面でも同じで、多くの助詞は、直前の自立語とそのまま結びついた形で現れます。

　まず、「が」、「を」、「で」などの1拍の助詞について見てみましょう。1拍の助詞が名詞に後続した場合、「名詞＋助詞」全体のアクセント型は、（52）のように、前の名詞のアクセント型に従います（こうぞく）。すなわち、名詞の最終拍と同じピッチで助詞の部分も発音されるのです（ただし尾高型の名詞に続く場合は低くなります）。2拍の助詞「から」や「だけ」も例外的に1拍の助詞と同じ型で発音されます。「名詞＋助詞」を前部の名詞のアクセント型をもとに発音してみましょう（助詞自身のアクセント核については、すぐ後で述べます）。

T12　0:01

（52）助詞	頭高型・中高型	尾高型	平板型
が	あなたが	おとうとが	わたしが
を	あなたを	おとうとを	わたしを
で	カメラで	はなしで	くるまで
も	ながさきも	おとこも	ひろしまも
から	きのうから	あしたから	わたしから
だけ	あなただけ	あしただけ	わたしだけ

　「から」、「だけ」以外の2拍の助詞が名詞に後続した場合、（53a）のように直前の名詞に核があるとき（頭高型・中高型・尾高型）は、（52）と同じアクセント型となり、助詞が低くつながります。しかし、直前の名詞が平板型の場合には（52）とは異なり、助詞のアクセント核が残されるのです。（53b）のように助詞が二つ以上結合した場合も、2拍の助詞（53a）の場合と同じようになります。つまり、直前の名詞に核があるときは名詞のピッチに従って低く結びつき、一方、名詞が平板型の場合は最初の助詞のアクセント核が残り、後の助詞は低くつながるのです。

(53) 名詞のアクセント型	頭高型・中高型	尾高型	平板型
a. まで	なごやまで	およぎまで	よこはままで
より	あなたより	いもうとより	たなかさんより
こそ	きょうこそ	あしたこそ	わたしこそ
b. に＋も	あなたにも	おとうとにも	わたしにも
まで＋は	なんばまでは	あしまでは	しぶやまでは
から＋は	なんばからは	あしからは	しぶやからは
へ＋より＋も	としへよりも	まちへよりも	とかいへよりも

　(52)と(53)の例から、「名詞＋助詞」のアクセントは原則として前部要素の名詞のアクセント型をもとに決められることがわかります。名詞にアクセント核(ピッチの下がり目)があれば、助詞の部分はそのまま低く続き、名詞が平板型であれば、そのまま「高」のピッチで発音されます。ですから、普通は、「カメラで」や「あなたより」という発音は不自然です。もしこのように発音されたら、聞き手は「その助詞に大きな意味がある」と認識します。つまり、「カメラで」や「あなたより」などの型は、助詞を強調したい場面でのみ使われ、そのほかの場面ではかなり不自然に感じられるのです。なお、強調については第4章で詳しく述べます。

3.6.2　句・文の発音

　では、助詞に後続する部分はどうでしょう。特に助詞の最後のピッチが「高」のとき、それに続く名詞や動詞は「低」のピッチでは始まらず、(54)のように語頭から「高」の連続になる場合があります。これは3.4.1節の(38)にあげた「形容詞＋名詞」(たとえば「あまいおかし」(甘いお菓子))や、3.5.2節の(49)で述べた「動詞＋名詞」(たとえば「こおったかわ」(凍った川))の場合と同じです。つまり、助詞によって名詞句(54a)や動詞句(54b)などのまとまりが形成されると、それに伴って発音の上でもピッチが一つにまとめられるのです。

(54) a. きょうしつのこくばん	(きょうしつのこくばん)	(教室の黒板)
たんすのひきだし	(たんすのひきだし)	(タンスの引き出し)
らいねんのカレンダー	(らいねんのカレンダー)	(来年のカレンダー)

b. よこはまからきました（よこはまからきました）（横浜から来ました）

しんぶんをよみます　（しんぶんをよみます）　（新聞を読みます）

でんわではなす　　　（でんわではなす）　　　（電話で話す）

　(54)の例を（　）のように、「高」で終わる助詞から後ろの名詞や動詞を低いピッチで始めると、助詞の後の部分が強調されたように聞こえます。これは前節で述べた助詞の発音や、3.4.1節の(38)の発音とまったく同じです。つまり、助詞の前後が意味的・文法的にまとまっている場合には、(54)のように全体を一つのピッチの山にまとめて発音するわけです。文の中でのまとまりを意識して、次の例を発音してみましょう。

T12　0:48

(55)　a. しんぶんのこうこくのかたすみに、おおさかのかいしゃのきゅうじんがのせられた。（新聞の広告の片隅に大阪の会社の求人が載せられた）

　　　b. じもとのいちりゅうのだいがくを、ゆうしゅうなせいせきでそつぎょうした。（地元の一流の大学を優秀な成績で卒業した）

　　　c. ちかてつのとびらから、わたしのたいせつなしゃしんが、とんでいってしまった。（地下鉄の扉から私の大切な写真が飛んで行ってしまった）

　ここで、助詞の「の」の特殊なふるまいについて述べておきましょう。 助詞の「の」は、直前の名詞の語末のアクセント核を消し、(56)のように高いピッチのまま次の名詞へと結びつきます。これは発音の上でも特に「名詞句」としてのまとまりをつけるためと言えます。尾高型の名詞で始まる句の発音を練習してみましょう。

T12　0:59

(56)　a. 山の上から（やま￢）　　：やまのうえから　　　（*やまのうえから）

　　　b. 男の美容師が（おとこ￢）：おとこのびようしが　（*おとこのびようしが）

　　　c. 弟の学校へ（おとうと￢）：おとうとのがっこうへ（*おとうとのがっこうへ）

　　　d. 妹のカメラを（いもうと￢）：いもうとのカメラを（*いもうとのカメラを）

　以上のように、助詞のアクセント（ピッチの高低）を目立たなくすることによって、句をはじめとする意味のあるまとまりに対し、発音の面でもまとまりが与えられることがわかります。隣り合う語同士が意味的・文法的にまとまっている場合には、発音の上でもなめらかに結びつけられるのです。

1. 次の句を普通の状況で発音してみましょう。またピッチの高低を書いてみましょう。

    a. 赤から青へ：あかからあおへ

    （赤＝あ¬か、青＝あ¬お）

    b. 黄色から赤へ：きいろからあかへ

    （黄色＝きいろ、赤＝あ¬か）

    c. わたしの研究のテーマ：わたしのけんきゅうのテーマ

    （わたし、研究＝けんきゅう、テ¬ーマ）

2. 前部要素の違いに注意して、次の例を発音しましょう。また、ピッチの高低を書き、それぞれの違いを確かめてみましょう。

    学校（がっこう）

    a. あなたのがっこうが（あな¬た）

    b. まちのがっこうへ（まち¬：街）

    c. おんがくがっこうを（お¬んがく：音楽）

    d. ひろいがっこうから（ひろ¬い：広い）

    e. あそべるがっこうと（あそべる：遊べる）

    f. あかるいがっこうは（あかるい：明るい）

アクセント全般や品詞別のアクセント型の分布は、[1][2]の文献に詳しく説明されています。アクセント（ピッチ）の具体的な現れ方については[3]を参考にするとよいでしょう。

[1] 秋永一枝（1998）「共通語のアクセント」（『日本語発音アクセント辞典』）日本放送協会.

[2] 秋永一枝（1981）「東京アクセントの習得法則」（『明解日本語アクセント辞典』）三省堂.

[3] 川上蓁（1973）『日本語アクセント法』（大西雅雄監修「音声学シリーズ」5）学書房出版.

外来語アクセントについては[4]に、また、その新しい分析については[5]に詳しく書かれています。

[4] カッケンブッシュ寛子・大曽美恵子（1990）『外来語の形成とその教育』（日本語教育指導参考書10）国立国語研究所.

[5] 窪薗晴夫・太田聡（1998）『音韻構造とアクセント』（中右実編「日英語比較選書」10）研究社出版.

複合語アクセントについてさらに知りたい人は、[6][7]を読むことを奨めます。[7]は、共通語（東京方言）以外の方言についても言及しています。

[6] 佐藤大和（1989）「複合語におけるアクセント規則と連濁規則」（杉藤美代子編『日本語の音声・音韻（上）』（講座「日本語と日本語教育」第2巻））明治書院.

[7] 上野善道（1997）「複合名詞から見た日本語諸方言のアクセント」（杉藤美代子監修『アクセント・イントネーション・リズムとポーズ』（日本語音声2））三省堂.

さらに、英語をはじめとする他言語との比較については[8]に詳しく書かれています。

[8] 窪薗晴夫（1998）『音声学・音韻論』（西光義弘編「日英語対照による英語学演習シリーズ」1）くろしお出版.

第4章
イントネーション

　私たちは文を発<ruby>発<rt>はっ</rt></ruby>するとき、文の中で「どの部分を特に伝えるか」ということや、「どのような意図<ruby>意図<rt>いと</rt></ruby>で伝えるか」、また「どの単語とどの単語が結びつくか」ということを同時に考えています。これらのことを聞き手に音によって伝えるために、「高さ」や「強さ」や「長さ」という要素<ruby>要素<rt>ようそ</rt></ruby>を利用しています。本章では、このうち特に「高さ」という点に注目して、文の中での高さの変化である**イントネーション**（intonation）の規則を学ぶことにします。

4.1　イントネーションとは

4.1.1　はじめに

　前章までは、第1章で「一つ一つの音の特徴」(母音と子音)、第2章で「リズムの作り方」(拍とフット)、第3章で「単語のまとめ方」(アクセント)というように、日本語の発音を小さな単位から徐々に大きな単位へと学習してきました。単語の集まりが文ですから、単語の発音までをきちんと学習すれば、ある程度は日本語らしくなるでしょう。しかし、日本語や英語の文法を勉強してわかるように、一口に「単語の集まり＝文」と言っても、ただ単語を並べただけでは文になりません。それぞれの言語には語から文を作る決まり、つまり文法というものがあります。文法の決まりに従って語を並べないと、自分の言いたいことが相手に正しく伝わらないのです。

　発音の上でも、単語をただ並べて発音すればよいわけではなく、文全体としての「まとまり」や話者の意図(何のためにその文を言っているか)が大きな問題となります。たとえば(1)の例を聞き比べて下さい。

T13　0:06

(1)　　a. 長野のオリンピックを見に行きました。

　　　b. 長野のオリンピックを見に行きました。

(1a,b)のいずれの文も正しいアクセントで読まれています。つまり、単語のレベルまではまったく同じ発音なのです。ところが文の発音としては、両者は明らかな違いを示しています。(1b)が自然でなめらかな日本語に聞こえるのに対し、(1a)はかなり不自然に聞こえます。(1a)はちょうど、自動販売機や電車から聞こえてくる機械の音声に似ています。ここに文レベルの音声の秘密が隠されているのです。そこには文法や意味と密接に関係した、いくつかの原理が働いています。文レベルの音声を習得すれば、日本語話者の発音に限りなく近づくことができます。

4.1.2　アクセントとイントネーション

　単語の中での高さの変化をアクセントと呼びましたが(第3章)、それよりも大きい、文のレベルでの高さの変化をイントネーションと呼びます。たとえば次の例を聞いてみましょう。AさんとBさんは約束の時間について確認しているところです。

> (2)　　A：（約束の時間は）　　　ご じ？↗　（5時）
>
> 　　　　B：（そう）　　　　　　　ご じ。→　（5時）

Aさんはｂさんに「約束の時間は5時と聞いたが、それは正しいか」質問し、それに対してｂさんは「その通り5時だ」と答えています。AさんとＢさんの発音は、高さが違って聞こえます。Aさんは「ご じ」の「じ」の途中からピッチを急に上昇させていますが、Ｂさんは「じ」を低いピッチのまま終わらせています。このように、文の最後にピッチを上昇させれば「疑問」のイントネーションになり、文末のピッチを保てば「応答」のイントネーションになるのです。これは英語をはじめとする多くの言語に共通するところです。

　日本語の特徴として大切なのは、文の中でも単語に備わったピッチの型（アクセント）が変わらないということです。AさんとＢさんはどちらも、「ご じ」のように、そこを「高低」という型で発音しています。つまり、AさんとＢさんの発音の違いは単語以外の部分に現れているのです。(2)の「ご じ」(5時)は、単語が「低」のピッチで終わる例でしたが、それでは単語が「高」のピッチで終わる平板型の一語文の場合はどうでしょう。AさんとＢさんは、同じく約束の時間について確認しています。

> (3)　　A：（約束の時間は）　　　あ した？↗
>
> 　　　　B：（そう）　　　　　　　あ した。→

AさんとＢさんの発した語は、どちらも「低高高」というアクセント型ですが、(2)と同じように文末のピッチが異なっています。Aさんの発音では「あ した」の「た」(高)のピッチがさらに上昇し、これによって「疑問」の意味が表されています。これに対し、Ｂさんの発音では、「た」(高)のピッチがそのまま残され、「応答」の意味が伝えられているのです。(2)と(3)をまとめると次のようになります。

(4)　　　　　　　　　　(2)　　　　　　　　(3)

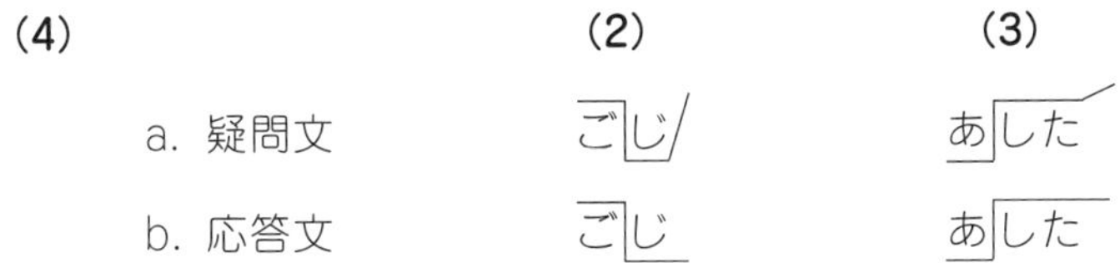

　　a. 疑問文　　　　　ご じ／　　　　あ した

　　b. 応答文　　　　　ご じ　　　　　あ した

(4a, b)のピッチの違いは文のレベルの違いであり、単語ごとの高低（アクセント）の型は文の種類によって変わることはありません。ですから、(5)のような特殊拍で終わる文の疑問イントネーションでも、単語に備わった、語末の「低」というピッチをきちんと残して発音します。その上で、聞きたい部分(太字部分)のピッチを他よりも少し高くします。また、(5b, d)のように疑問の部分をいくつか列挙するときも、一つ一つの要素に疑問のイントネーション(♪)をつけますが、この場合も単語本来のアクセント型は変わりません。

T13　0:42

(5)　a. 約束の日は、**きょう**／？　　　　　　　(*きょう？)

　　　(今日＝きょ￢う)

　　b. どのジュースを**のむ**／？ **かん**／？ **びん**／？　　(*のむ？ かん？ びん？)

　　　(飲む＝の￢む、缶＝か￢ん、瓶＝び￢ん)

　　c. 外はもう、**あたたかい**／？　　　　　　(*あたたかい？)

　　　(暖かい＝あたたか￢い)

　　d. どの大きさにする？ **だい**／？ **ちゅう**／？ それとも、**しょう**／？

　　　　　　　　　　　　　　(*だい？ちゅう？しょう？)

　　　(大＝だ￢い、中＝ちゅ￢う、小＝しょ￢う)

また疑問文でなくても、ものを列挙するときには、列挙される部分(太字部分)が他より少し高く発音されます。ここでも、それぞれの単語が持っていたアクセント型は変わることがありません。実際に、(6)を聞いて練習してみましょう。

T13　1:00

(6)　a. 私たちの学校は、**かんこく**、**ちゅうごく**、**たいわん**の学生が大勢います。

　　　(韓国＝か￢んこく、中国＝ちゅ￢うごく、台湾＝たいわ￢ん)

　　b. [喫茶店で三人分の飲み物を注文するときに]

　　　すみません。**コーヒー**と**こうちゃ**と**オレンジジュース**を一つずつ下さい。

　　　(コーヒ￢ー、紅茶＝こうちゃ、オレンジジュ￢ース)

　　c. **やきゅう**と**サッカー**と**バスケットボール**とでは、どれが一番好きですか。

　　　(野球＝やきゅう、サ￢ッカー、バスケットボ￢ール)

このように、イントネーションの特徴は、文になるときにはじめて現れます。アクセントとイントネーションはともに「高さ」に関わるという点では共通していますが、現

れる範囲が異なるのです。アクセントが単語レベルでのピッチ変化なのに対し、イント
ネーションは、句や文レベルでのピッチ変化ということになります。文レベルの発音に
はおもに「高さ」が関わってきます。もちろん「強さ」や「長さ」などの他の音声的な要
素も同時に現れますが、これらは「高さ」を意識して発音すれば自然に備わってきます。

　私たちは文の中で高さを変化させることによって聞き手に、

（i）　意味のまとまりをわかりやすく伝えたり、

（ii）　自分が特に伝えたい部分を強調したり、

（iii）聞き手へ何かを働きかけたり、

（iv）自分がどう感じながら話しているかを伝えたり

することができるのです。このうち（i）は（1）の文に、（ii）は（6）の文に、（iii）は（2）、
（3）、（5）の文に具体的に現れています。また、文の中での位置に関しては、イントネー
ションは文中・文末いずれの位置にも現れます。文中に現れるイントネーションは、お
もに（i）と（ii）の機能と関係し、文末のイントネーションはおもに（iii）と（iv）の機能と関
係しています。本章では前半で文中のイントネーションを、後半で文末のイントネー
ションを学習することにします。

練習問題

1. 次の文を、太字の部分に注意して発音してみましょう。

　a. 四国にある四つの県は、**かがわ、とくしま、こうち、えひめ**です。
　　（香川＝か﹃がわ、徳島＝とく﹃しま、高知＝こ﹃うち、愛媛＝え﹃ひめ）
　b. 三高（さんこう）とは、**しんちょう、がくれき、しゅうにゅう**、の三つが「高い」とい
　　う意味です。（身長＝しんちょう、学歴＝がくれき、収入＝しゅうにゅう）

2. 太字の部分を、疑問イントネーションで発音してみましょう。

　a. えっ、**そう？ほんとう？**　　　　　　　　　　　　（そ﹃う、本当＝ほんとう）
　b. この猫、飼ってもいい**？だめ？**　　　　　　　　　（い﹃い、だめ）
　c. どっちを飲む。**コーヒー？それともジュース？**　（コーヒ﹃ー、ジュ﹃ース）

4.2　2要素間の基本的なイントネーション型

　前章（3.6.2節）では前部要素が「高」のピッチで終わる句の発音を学び、句中・文中の隣り合う二つの要素が意味的・文法的にまとまっていれば後部要素が低く始まらず、「高」のピッチの連続で発音されることを確認しました。たとえば「正夫の写真」が「まさおのしゃしん」ではなく、「まさおのしゃしん」のように一続きに発音されることによって、発音の上でも2要素のまとまりができるわけです。

　それでは、隣り合う2要素が意味的・文法的にまとまっていて、その前部要素がアクセント核（ピッチの下がり目）を持つ場合はどうでしょう。2語のまとまりを発音上どのように表すのでしょうか。前部要素に「ま￢さこ」（正子）という語（語末が「低」のピッチになる語）を持つ二つの名詞句「ま￢さこのカ￢メラ」（正子のカメラ）と「ま￢さこのしゃしん」（正子の写真）を例に見てみましょう。（7）は、後部に核のある単語「カ￢メラ」が来る場合、（8）は核のない平板型の単語「しゃしん」が来る場合です。

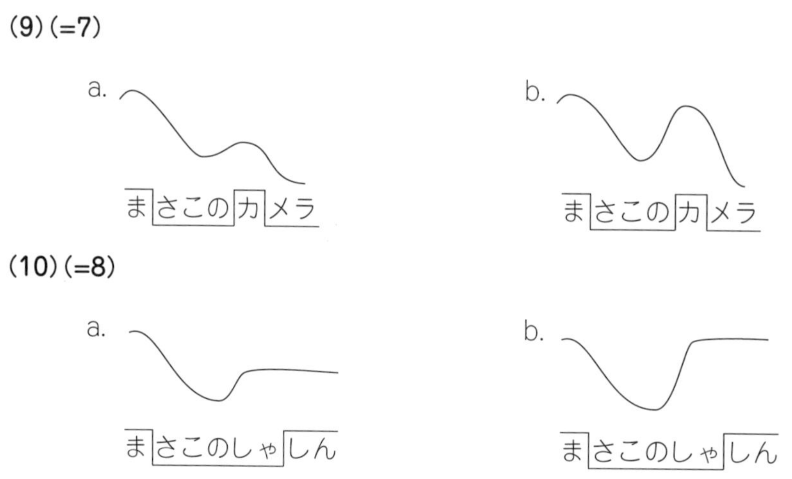

　(a)と(b)とではどちらが自然に聞こえるでしょう。強調などを意識しない限り、明らかに(7a)、(8a)の方が自然に聞こえます。これに対し(7b)、(8b)は、後部の名詞（「カメラ」と「写真」）が強調されているように聞こえます。これらのイントネーションの違いをピッチ曲線で図示すると、(9)、(10)のようになります。

(9)（=7）

(10)（=8）

　(9a, b)と(10a, b)はそれぞれ、単語のどこでピッチが上がりどこで下がるかという点、つまりアクセントの型は共通しています。しかしながら、文全体のピッチの型、特に後部要素のピッチの幅が異なります。具体的には前部要素と後部要素との高さの関係が異なるのです。前部要素に核がある場合、(9a)、(10a)のように、後部要素は前部要素より低く現れるのが普通です。

　このように、前部にピッチの下がり目(核)があれば次の要素のピッチは大きく上昇せず、前部と低く結びつきます。実際、核を持つ単語が二つ以上並んだ文では、(11)のように、文頭から文末へとピッチがどんどん下降します。

T14　0:24

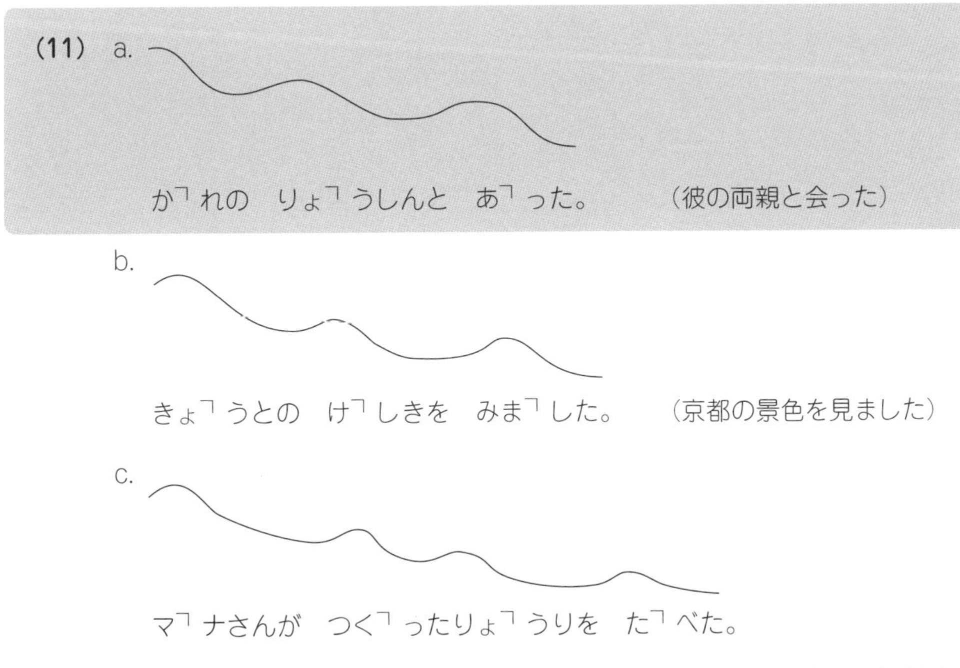

　第3章では、前部要素が平板型である場合の2要素の発音上のまとまりを見ましたが、(9a)、(10a)のように前部要素に核のある語が来た場合の2要素も、それとある意味で共通する方法によってまとまりがつけられています。前部要素に核がなく後部に「高」のピッチで続く場合(3.6.2節)は、後部はそのまま「高」のピッチで結びつき、一方、前部要素に核があり後部に「低」のピッチで続く場合は、後部はそのままいくぶん低いピッチから現れるわけです。

　前部・後部それぞれの核の有無によって、隣り合う2語のアクセント型の組み合わせは(12a〜d)の4通りとなります。(12a, b)が本章で述べた、前部に核のある例で、(12c, d)が前章(3.6.2節)で触れた、前部に核がない例です。この四つが、特に強調などを考えない場面での、標準的なイントネーション型を表しています。ここで大切な点は、句のイントネーションは<u>前部要素</u>のアクセント型によって支配されるということです。(13)にあげる具体例を発音してみましょう。(13a〜d)はそれぞれ(12a〜d)に対応しています。

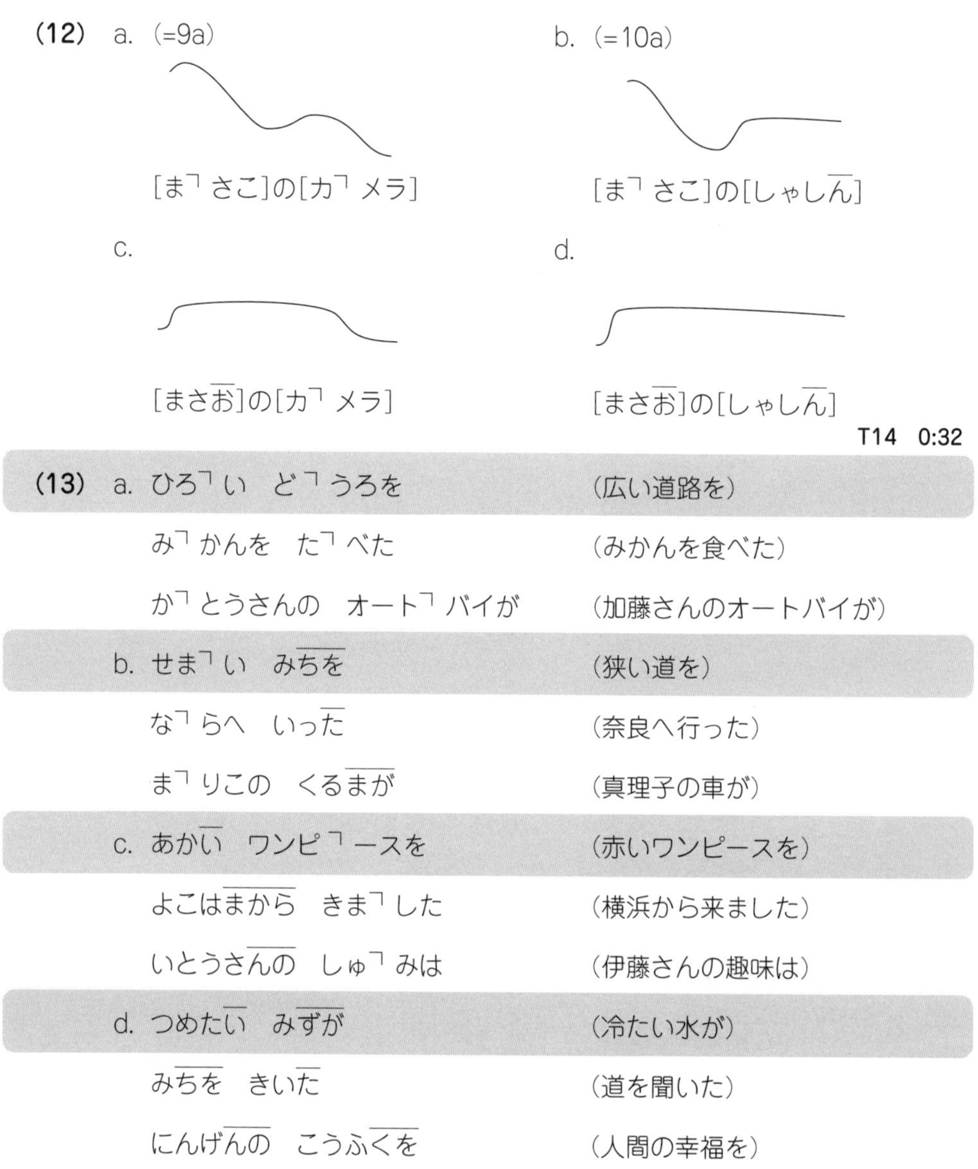

(12)　a.（＝9a）　　　　　　　　　　　　b.（＝10a）

［ま˥さこ］の［カ˥メラ］　　　　　　　［ま˥さこ］の［しゃしん］

　　c.　　　　　　　　　　　　　　　　d.

［まさお］の［カ˥メラ］　　　　　　　［まさお］の［しゃしん］

T14　0:32

(13)　a.　ひろ˥い　ど˥うろを　　　　　（広い道路を）

　　　　　み˥かんを　た˥べた　　　　　（みかんを食べた）

　　　　　か˥とうさんの　オート˥バイが　（加藤さんのオートバイが）

　　　b.　せま˥い　みちを　　　　　　　（狭い道を）

　　　　　な˥らへ　いった　　　　　　　（奈良へ行った）

　　　　　ま˥りこの　くるまが　　　　　（真理子の車が）

　　　c.　あかい　ワンピ˥ースを　　　　（赤いワンピースを）

　　　　　よこはまから　きま˥した　　　（横浜から来ました）

　　　　　いとうさんの　しゅ˥みは　　　（伊藤さんの趣味は）

　　　d.　つめたい　みずが　　　　　　　（冷たい水が）

　　　　　みちを　きいた　　　　　　　　（道を聞いた）

　　　　　にんげんの　こうふくを　　　　（人間の幸福を）

　(12)、(13)にあげた4種類の<u>型</u>はもっとも基本的なもので、隣り合う2語が意味的・文法的にまとまっているときに現れます。しかし、何か特別な要因が働いた場合には、これらの4種の型を基本にしてイントネーションが変化します。次の節では、どのような要因が働いたときに、どのようにこれらの型が変化するか学ぶことにします。

1. 次の名詞句を、特定の語を強調せずに発音してみましょう。

    a. 時間の問題　　　　　　　　　　（時間＝じか￣ん、問題＝もんだ￣い）

    b. 近い距離　　　　　　　　　　　（近い＝ちか｢い、距離＝きょ｢り）

    c. 元気な人　　　　　　　　　　　（元気な＝げ｢んきな、人＝ひと｢）

2. 次の動詞句を、特定の語を強調せずに発音しましょう。

    a. じっとする　　　　　　　　　　（じっと、す￣る）

    b. ゆっくり歩く　　　　　　　　　（ゆっく｢り、歩く＝ある｢く）

    c. 少しわかる　　　　　　　　　　（少し＝すこ｢し、わか｢る）

4.3　フォーカスとイントネーション

　文は、すべての部分が同じ割合で重要なのではなく、情報として大切な部分と、そうでない部分があります。では話者は、聞き手にもっとも訴えたい(わかってほしい)部分をどのようにして伝えるのでしょうか。

　文章を書くときには、文中で大切な箇所や伝えたい部分によく「　」をつけたり、<u>下線</u>を引いたり、**太字**にしたりします。発音では、大切な部分を特に「高く」することによって他の部分より際立たせます。その際、高くなった部分は同時に強く、そしていくぶん長くなります。ここでは特に「高さ」を意識して練習しましょう(「強さ」と「長さ」は、「高さ」に自然に伴ってきます)。

　話者が文の中で聞き手にもっとも伝えたい部分を、**フォーカス**(focus＝焦点)と呼びます。フォーカスとイントネーションは、密接な関係にあります。(14)では「今日、正夫と新宿で買い物しました」という文が、4通りの発音で読まれます。発音上どこが際立っているか、またどのような状況で発せられた文かを考えてみましょう。

T15　0:01

> (14)　a. **今日**　正夫と　新宿で　買い物しました。
>
> 　　　　b. 今日　**正夫と**　新宿で　買い物しました。
>
> 　　　　c. 今日　正夫と　**新宿で**　買い物しました。
>
> 　　　　d. 今日　正夫と　新宿で　**買い物しました。**

　(14a〜d)はそれぞれ「今日」(14a)、「正夫と」(14b)、「新宿で」(14c)、「買い物しました」(14d)の部分が高くなっており、その部分の情報を聞き手によく伝えています。これらは、次の(15a〜d)の質問(疑問文)に対する応答文としても通用しますし、また聞き手に質問されなくても、話者がその部分の情報を自ら積極的に伝えたい場合にも使えます。いずれの場合でも、話者がフォーカスを置いた部分は、他の部分より際立って高く現れるわけです。

　(15)　a. **いつ**、正夫と新宿で買い物したのですか。

　　　　b. 今日**だれと**、新宿で買い物したのですか。

　　　　c. 今日、**どこで**正夫と買い物したのですか。

　　　　d. 今日、正夫と新宿で、**何を**したのですか。

　それでは、隣り合う2要素の間でのフォーカスとイントネーションの関係はどうでしょう。たとえば、2語のうちどちらか一方を特に伝えたい場合、どのようにその部分を伝えたらよいでしょうか。前節の(12)では、特に強調を考えない場合の、イントネーションの四つの基本型を学習しました。2要素のどちらかにフォーカスがあたる場合は、その四つの型をもとに、そこからフォーカスのあたった部分を高く発音すればよいのです。たとえば「ま￣さこのカ￣メラ」のように、2要素がともにアクセント核を持っている語の場合には、(16)のようになります。(16a)は2要素のどちらにも強調が置かれない、標準的なイントネーション型を表し、(16b)は前部に、(16c)は後部にそれぞれフォーカスが置かれた場合のイントネーションです。具体的には(16b)は、「京子や順子のではなく、**正子のカメラ**」などのように「前部要素」(正子)を特に問題にする状況での発音で、(16c)は反対に、「正子のラジオや時計ではなく、**カメラ**」というように後部要素(カメラ)を問題とするときの発音です。

T15　0:33

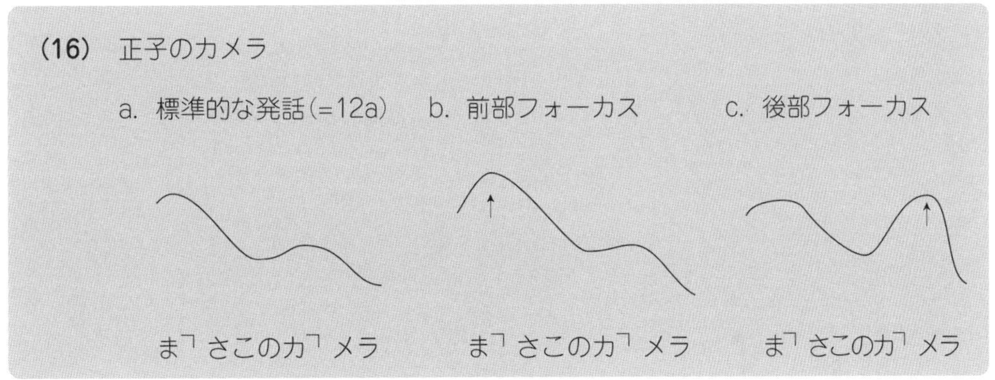

　2要素のいずれか(あるいは両方)が平板型である場合も基本的に(16)と同じで、フォーカスのあたる語がその前後の語より高く発音されます。聞き手は(12)の標準的な発話を基準にして、ある部分のピッチが際立って高くなっていれば、その部分にフォーカスを感じ取ります。たとえば、後部要素が前部要素と同じぐらいの高さまで上昇した(16c)のような場合に「後部要素」の方にフォーカスが感じられるのは、(16a)の発話と比べて後部要素のピッチが相対的に高く現れているからです。4.2節にあげた(7b)や(8b)の発話が、まるで後部の強調された発音のように聞こえたのはそのためです。

 練習問題

1. ［　］の中を読んで、下線部分のどちらの語にフォーカスが置かれるかを考えながら、発音してみましょう。

1) <u>速く　歩いた</u>。　　　　　　　（速く＝は￢やく、歩く＝ある￢く）

    a. ［ゆっくりとではなく、速く歩いた］

    b. ［速く走るのではなく、速く歩いた］

2) <u>ひろみの　目が</u>　好きだ。　　（ひろ̄み、目＝め￢）

    a. ［ひろみの顔では、耳や鼻よりも目が好きだ］

    b. ［和子や良江の目よりも、ひろみの目が好きだ］

4.4 「は」と「が」のイントネーション

　前節ではフォーカスの部分を高く（同時に強く、長く）発音することによって、聞き手に情報を効果的に伝えられることを学びました。そこでは、話者が前後の文や状況との関係（**文脈**＝context）によってフォーカスの位置を選ぶという例を見ました。次に、文の中でフォーカスが生じる条件について考えてみましょう。意味や文法などの条件によって自然にフォーカス位置が決まる例を、本節から4.6節にかけていくつか見てみることにします。

4.4.1　対比の「は」

　助詞の「は」には、二つの大きな機能があることがよく知られています。その一つは**対比**（contrast）を表す機能で、もう一つは**トピック**（topic＝主題）を表す機能です。対比とは、発話の中の2つ以上の要素を比べ、対照させて述べることです。一方、トピックとは、文のテーマを表すことであり、「この文では〜について述べます」ということを表します。まずは、「は」の対比を表す機能から見ていきましょう。

　「は」によって対比される部分は(17)のように、他より高く発音されます。二つ以上の要素を「は」という助詞によって対比させるとともに、「は」の前の部分（太字部分）を発音上も際立たせることによって、対比の効果が現れるのです。聞き手も、この際立ちをもとにフォーカスを感じ取ります。

T16　0:01

　　　b.　A：大阪の街、たとえば梅田とか難波とかへは、よく出かけられますか？

　　　　　B：**梅田**へはよく行くんですけど、**難波**へはそんなに行きません。

　　　　　　（梅田＝うめだ、難波＝な￣んば）

　　　c.　A：昨日、誕生日だったんだね。いろんな人からプレゼントもらった？

　　　　　B：**友達**や**両親**からはもらったけど、**恋人**からはもらえなかったよ。

　　　　　　（友達＝ともだち、両親＝りょ￣うしん、恋人＝こいびと）

　「は」が文中に1ヶ所しかなくても、つまり同じ文の中に比べる相手がなくても、対比を表すことができます。この場合も、「は」の前の部分を他より高く発音します。

T16　0:15

(18)　　　[冷蔵庫の中を見ながらAさんが、客のBさんに]

　　　　　A：チーズ、好きですか？

　　　　　B：いや、だめなんです。

　　　　　A：じゃあ、**ヨーグルト**は？

　　　　　B：ええ、**ヨーグルト**は大好きです。

　　　　　　（チ￢ーズ、好きな＝すき￢な、だめ￢な、ヨーグ￢ルト、

　　　　　　大好きな＝だ￢いすきな）

　このように、対比する相手として「チーズ」を言わない場合でも、「ヨーグルト」をはっきり高く発音することで、対比が示せます。

　以上のことをまとめると、対比の意味を表すときは「は」の直前の単語にフォーカスがあたり、そこが高く発音されるということになります。これによって、その部分の情報が他よりも大切であることが発音の上からも示されるわけです。

　ところで、「は」を使わなくても、修飾関係によって対比を表すこともできます。これは隣り合う2語の関係なので、(16a～c)で述べたイントネーションの基本型が大きく関わってきます。(19)は句の前部が対比されている場合、一方、(20)は後部が対比されている場合のイントネーションです。(19)では(16b)のように前部要素（「あかい」や「あおい」）のピッチが上昇し、逆に(20)では(16c)のように後部要素（「ペン」や「えのぐ」）のピッチが上昇します。(20)では、しばしば後部要素が前部要素より高いピッチとなることがあります。フォーカスのあたる語句とイントネーションに気をつけて発音してみましょう。

T16　0:29

(19)　a. だからさっきから、**あかい**ペンじゃなくて、**あおい**ペンをくれって言ってるでしょ。（赤いペン＝あかいペ￢ん、青いペン＝あお￢いペ￢ン）

　　　b. それは、**わたし**のもんだいじゃなくて、**あなた**のもんだいなんですよ。
　　　　（私の問題＝わたしのもんだい、あなたの問題＝あな￢たのもんだい）

T16　0:41

(20)　a. だからさっきから、あかい**ペン**じゃなくて、あかい**えのぐ**をくれって言ってるでしょ。（赤いペン＝あかいペ￢ン、赤い絵の具＝あかいえのぐ￢）

　　b. ほしいのは、あなたの**ざいさん**ではなく、あなたの**あいじょう**なんですよ。

　　　（あなたの財産＝あな⌐たのざ⌐いさん、あなたの愛情＝あな⌐たのあい

　　　じょう‾）

4.4.2　「は」と「が」

　「は」のもう一つの機能として、「トピック」を示す働きがあります。この働きを理解
するために、「は」と「が」の意味と発音を比べてみましょう。

T16　0:54

> （21）　a. あの人は　加藤さんです。（あの人＝あの⌐ひと、加藤さん＝か⌐とうさん）
> 　　　　b. あの人が　加藤さんです。

　助詞が一字変わっただけで、イントネーションもかなり異なって現れるのがわかりま
す。(21a)では後半部分の「加藤さんです」が特に高く発音されるのに対し、(21b)では
前半部分の「あの人が」が高いピッチで現れています。では、意味はどうでしょう。
(21a, b)が発せられる状況を考えてみましょう。

　(21a)は、たとえばパーティー会場などで「少し離れたところにいる見知らぬ人が誰
であるか」を尋（たず）ねられた場合の答えとして発せられる文です。「あの人」がいることはす
でに話者も聞き手もわかっていて、「あの人」が誰であるかを問題にしたい場面での発
話と言えます。つまり(21a)は、「あの人」を主題（トピック）として述べられた文という
わけです。これに対し(21b)は、「加藤さん」という名前はすでに話者と聞き手ともに知
られていて、その「加藤さん」がどの人であるかが問題となっているときに発せられる
文です。(21a, b)に対応する疑問文を考えると、たとえば次のようになるでしょう。

　　（22）　a. あの人<u>は</u>　**誰ですか。**

　　　　　　b. **どの人**<u>が</u>　加藤さんですか。

当然、太字の部分に対応する部分が情報の中心（フォーカス）になるわけです。フォーカ
スとイントネーションの関係を示すと次のようになります。

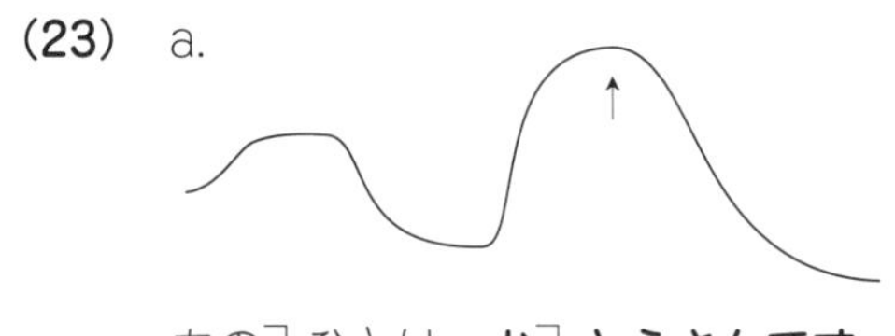

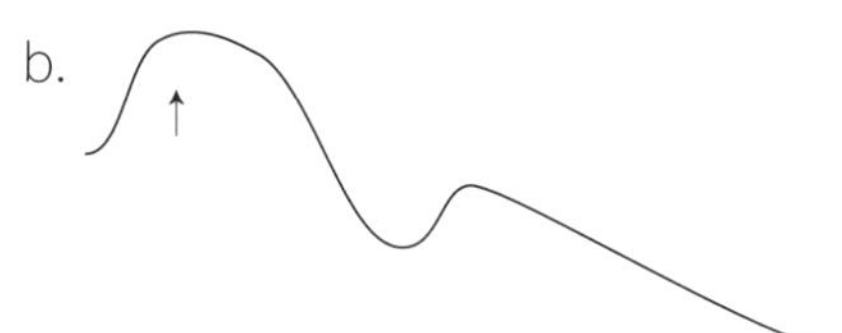

　ここでもフォーカスとイントネーションとの間に対応関係がみられます。トピックを表す「は」の文(21a)では、助詞の直前の部分(「あの人」)が会話の前提となる古い情報であり、大切な新しい情報は助詞から後の部分(「加藤さんです」)に現れます。つまり、トピックの「は」が使われた場合、そこから後の部分にフォーカスが置かれ、高く発音されるわけです。これに対し(21b)では、反対に助詞の「が」の前の部分にフォーカスがあたります。したがって、「あの人」の部分が高く発音されるのです。このように、「は」と「が」という助詞によって文中のフォーカスの位置が自然に決まり、それに応じてイントネーションが決まるのです。(21)は前部・後部ともにアクセント核があるので、(16a)のイントネーション型がもとになります。後部にフォーカスのあたる(21a)の場合には(16c)の型となり、一方、前部にフォーカスのあたる(21b)の場合には(16b)の型になります。

　「は」の二つの機能とイントネーションをまとめると、次のようになります。フォーカスの位置は異なっていても、フォーカスの部分が高くなることは共通しているのです。

●「は」の二つの機能とイントネーション

(24)　　　機能　　　　　　　　フォーカスの位置　　　イントネーション

　　　a. 対比の「は」　　　　「は」の前の部分　　　フォーカスの部分が高くなる

　　　b. トピックの「は」　　「は」から後の部分　　フォーカスの部分が高くなる

1. 「この水は飲めません」という文が、二つのイントネーションで発音されます。それぞれの文脈として(a, b)から適当なものを選びましょう。また、イントネーションの違いを意識して発音してみましょう。

   1) この水は飲めません。　　　　　（水＝みず、飲める＝のめ￣る）

   2) この水は飲めません。

      a. コップの水が茶色く濁っていて、とてもいやなにおいがします。

      b. 二つのコップに水が入っています。一つは飲むことができますが、もう一つはだめです。

2. 「かわいい子には旅をさせよ」という諺が2種類のイントネーションで発音されます。それぞれどのような解釈ができるでしょうか。適当なものを(a, b)から選んで下さい。また、自分で発音してみましょう。

   1) かわいい子には旅をさせよ　　（かわいい＝かわい￣い、子＝こ、旅＝たび￣）

   2) かわいい子には旅をさせよ

      a. かわいくない子には旅をさせなくてもいいが、かわいい子には旅をさせろ。

      b. 子供は甘やかして育てるより、手許から離していろいろな経験をさせた方がいい。

3. 次の二つの文は、それぞれ助詞の部分が一ヶ所、空白になっていて聞こえません。文全体のイントネーションを聞いて「は」か「が」のどちらかを補い、適当な文脈を(a, b)から選びましょう。また、助詞を入れて文全体を発音してみましょう。

   1) わたし[　　　]伊藤です。　　　　　（わたし￣、伊藤＝いと￣う）

   2) わたし[　　　]伊藤です。

      a. 4月です。初めての授業で一人ずつ自己紹介をしています。

わたしの順番になりました。

b. 12月です。商店街の抽選会で、自分の出した葉書が1等に当たりました。

店の人の「おめでとうございます。伊藤さんはどなたですか」という呼び

かけに対して。

4.5　疑問詞とイントネーション

次の二つの文を聞いて発音してみましょう。

T17　0:01

このペアも「か」と「を」の一文字の違いによって、イントネーションが大きく異なっています。ここでもフォーカスの違いがイントネーションの違いを作り出しているのです。(25a, b)の疑問文に対する応答文をいくつか考えてみましょう。

(26)　a. **はい**、飲みます。／**いいえ**、結構^{けっこう}です。

　　　b. **コーヒー**を飲みます。／**ビール**がいいです。／**牛乳**を下さい。

(25a)の文は、答えとしてまず「はい」か「いいえ」を期待しています。つまり、「飲むか飲まないか」を聞いているのです。ですから、「飲みますか」の部分にフォーカスがあたっています。これに対し(25b)は、何か飲むことを前提として、それが「何」であるかを聞いています。したがって、「何」という疑問詞^{ぎもんし}にフォーカスがあたっているのです。いずれの場合でも、それぞれもっとも聞きたい部分にフォーカスがあたり、その部分が高く発音されるわけです。フォーカスとイントネーションとの対応関係を(27)に示します。

(27)

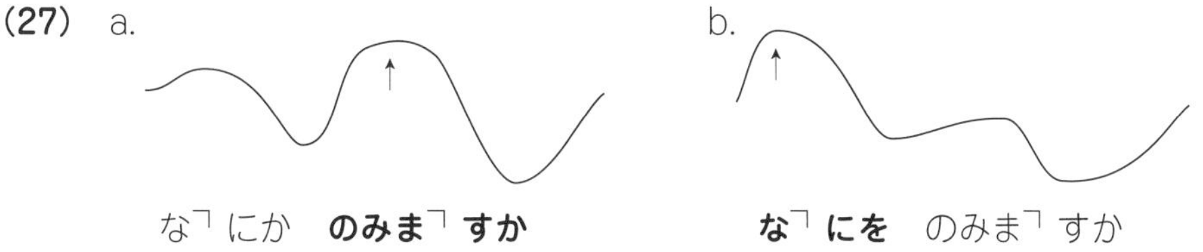

「何か」と「何を」の違いによって文中のフォーカスの位置に違いが生じ、それによってイントネーションの現れ方も変わるのです。ここにも、文法→フォーカス→イントネーションという三者の対応関係がはっきりと見られます。(25)は前部と後部の両方にアクセント核があるので(16a)の型を基本とし、このうち(25a)は後部にフォーカスがあたるので(16c)のようにイントネーションが現れ、一方、(25b)は前部にフォーカスがあたる

ので(16b)の型がとられます。

　(25b)の「何」をはじめとする疑問詞の部分は、一般に高く発音されます。なぜなら
その部分が聞きたいことの中心であり、文のフォーカスになるからです。(28)の例を、
それぞれ発音してみましょう。

T17　0:14

(28)　a. 誰か　**来たのですか。**　　　　　　**誰**が　来たのですか。

　　　　（誰＝だ￢れ、来る＝く￢る）

　　　b. どこか　**行きましょう。**　　　　　**どこ**へ　行きましょう。

　　　　（ど￢こ、行く＝い￣く）

　　　c. 何か　**おかしいのですか。**　　　　**何**が　おかしいのですか。

　　　　（何＝な￢に、おかし￢い）

T17　0:27

練習問題

1. これから聞こえてくる2種類の文は、（　　）の中が1拍聞こえません。イン
　　トネーションをもとに、どのような文を発音したか(a, b)から選んで下さ
　　い。また、文全体を実際に発音してみましょう。

　　　1) どこ（　　）散歩しますか？

　　　2) どこ（　　）散歩しますか？

　　　　a. どこを散歩しますか？

　　　　b. どこか散歩しますか？

　　　3) いつ（　　）しますか？

　　　4) いつ（　　）しますか？

　　　　a. いつにしますか？

　　　　b. いつかしますか？

4.6　意味・統語構造とイントネーション

4.6.1　意味構造とイントネーション

　4.2節では、隣り合う二つの要素が一続きに発音されるとき、おもにその前部要素のアクセント型が句全体のイントネーションを支配することを学び、さらに前部と後部のアクセント型によって、4種類の基本的なイントネーション（(12a〜d)）が現れることを学習しました。続く4.3節では、基本的なイントネーション型の上にフォーカスによるピッチの上昇が加えられるということを見てきました。この節では、修飾関係を持った隣り合う2語の意味的な関係がフォーカス、イントネーションに及ぼす影響について観察します。

　次の文の下線の2要素に対し、フォーカスがどのようにあたる可能性があるか考えてみましょう。

(29) <u>神戸の　夜景が</u>　見たいです。

(29)は、(16a〜c)などの例と同じように、前部と後部のどちらにもフォーカスのあたる可能性があります。前部(神戸)を他と比べて問題にすることも、反対に後部(夜景)を他と比べて問題にすることもできるからです。ですから話者は、それぞれの文脈に応じてフォーカスの位置と、それに対応するイントネーションとを自由に選択します。

　しかし、隣り合う2要素の意味的な関係によっては、フォーカスの位置が自然に決まってくる場合もあります。(30)の2要素(下線部分)を見て、フォーカスがどこにあたる可能性があるか考えてみましょう。

(30)　a. <u>京都の祇園祭を</u>　見に行った。
　　　　b. <u>滋賀の琵琶湖は</u>　日本最大です。
　　　　c. <u>徳島の阿波踊りに</u>　参加したいです。
　　　　d. <u>渋谷のハチ公前で</u>　会いましょう。

(30)は、意味的に前部要素にはフォーカスがあたりにくい構造と言えます。たとえば、(30a)の「祇園祭」は普通「京都」にしかないので、「京都」(前部要素)を他(たとえば東京や大阪)と比べて際立たせる可能性がほとんどなくなります。ここでは反対に後部要素が情報の中心であり、前部は後部を意味的に補足する飾りのような役目しかしていません。(30b〜d)も同じように、後部の「琵琶湖」、「阿波踊り」、「ハチ公」は、それぞれ前部の「滋賀」、「徳島」、「渋谷」にしか存在しないので、前部をわざわざ問題にする解釈が出てこないのです。(30)の意味構造では、後部要素が聞き手にきちんと伝わればよいので、その部分にフォーカスがあたり、高く発音されることになります。

　なお(30)は「**京都の祇園祭**」のように、両方にフォーカスの置かれる発音も許されます。この場合、意味的に前部と後部の二つで一組になり、両方の要素にフォーカスが置かれるものと思われます。いずれにしても(30)の場合には、少なくとも後部要素を高く発音すればよいわけです。以上のことを念頭（ねんとう）に置き、後部要素のみにフォーカスがあたる(31)の発音と、前部・後部両方にフォーカスが置かれる(32)の発音を練習してみましょう。

T18　0:01

(31)　a. きょ￢うとの　ぎおんま￢つり　を見に行った。	（京都の祇園祭）
b. し￢がの　びわこ　は日本最大です。	（滋賀の琵琶湖）
c. とく￢しまの　あわお￢どり　に参加したいです。	（徳島の阿波踊り）
d. しぶやの　はちこうま￢え　で会いましょう。	（渋谷のハチ公前）

T18　0:32

(32)　a. きょ￢うとの　ぎおんま￢つり　を見に行った。	（京都の祇園祭）
b. し￢がの　びわこ　は日本最大です。	（滋賀の琵琶湖）
c. とく￢しまの　あわお￢どり　に参加したいです。	（徳島の阿波踊り）
d. しぶやの　はちこうま￢え　で会いましょう。	（渋谷のハチ公前）

　また、(31)と類似する例を発音してみましょう。

T18　1:01

(33)　a. タ￢イの　バ￢ンコク	（タイのバンコク）
b. ひろしまの　げんばくド￢ーム	（広島の原爆ドーム）
c. イタリアの　セ￢リエ・エ￢ー	（イタリアのセリエA）
d. ミ￢ラノの　スカラざ	（ミラノのスカラ座）
e. インドネ￢シアの　ガルーダこ￢うくう	（インドネシアのガルーダ航空）

　これに準（じゅん）じるものとして、前部と後部とが意味的に［前部＝後部］の関係を持つ(34)のような例があります。前部をＡ、後部をＢとすると、これらは意味的に「ＢはＡである」

という関係になります。どの例も普通の解釈では、[**マナ**＝留学生]、[**一郎**＝兄]、[**大江健三郎**＝作家]、[**アリ**＝インド（の人）]という意味関係が成り立ち、前部は後部を意味的に補足する役割しか果たしていません。実際、後部を省略した「*留学生です。どうぞよろしく」という文が許されないのに対し、「＿マナです。どうぞよろしく」のように前部を省略してもそれほど大きな問題は生じません。したがって、後部要素にフォーカスが置かれ、そこが高くなります（あるいは(32)と同じく、前部と後部を同じように高く発音してもかまいません）。

T18　1:17

> **(34)**　a.　<u>留学生の**マナ**</u>です。どうぞよろしく。
>
> 　　　　（留学生＝りゅうが￢くせい、マ￢ナ）
>
> 　　b.　<u>兄の**一郎**</u>のことで相談があるのですが。
>
> 　　　　（兄＝あ￢に、一郎＝いちろ￣う）
>
> 　　c.　<u>作家の**大江健三郎さん**</u>が、ノーベル賞を受賞した。
>
> 　　　　（作家＝さっ￣か、大江健三郎＝おおえ￣けんざぶろ￣う）
>
> 　　d.　わたしは、<u>インドの**アリ**</u>です。
>
> 　　　　（イ￢ンド、ア￢リ）

　これに対し、前部要素のみ高く発音されたら、話者の特別な意図が感じ取られます。この場合、聞き手は前部要素の情報が特に重要であると理解し、後部要素はすでに話題に上っている古い情報と理解してしまうのです。たとえば(34d)の前部要素のみを高く発音すると、「アリはアリでも、ドイツや、ネパールのアリではなく、**インドのアリだ**」のように、インドの部分に対比の意味が現れてしまいます。状況に応じて、次の文の下線部分を発音しわけてみましょう。

T18　1:36

> **(35)**　a.　<u>**長野の**</u>　**お兄さん**から電話があったよ。
>
> 　　　　[兄は、長野にいる一人だけ]
>
> 　　　　（長野＝な￢がの、お兄さん＝おに￢いさん）
>
> 　　b.　<u>**長野の**</u>　お兄さんから電話があったよ。
>
> 　　　　[兄は、東京やロンドンにもいる]

> (36)　a.　これは、ただの　**水**だよ。飲んで運転しても大丈夫だよ。(唯=た⌐だ)
>
> 　　　b.　これは、**ただの**　水だよ。お金は要らないよ。(只(無料)=た⌐だ、水=みず)

4.6.2　統語構造とイントネーション

　隣り合う2要素のイントネーションには、意味的・文法的なまとまりとフォーカスが大きく関わっていることを確認しました。次に、3要素以上からなる長い句や文のイントネーションを学びます。(37)の文を読んでみて下さい。「太郎」が飼っている動物ははたして何でしょう。

　(37)　太郎の犬と猫が逃げた。

この文は2通りに解釈することができます。一つは、太郎が飼っているのは「犬」だけであるという解釈で、もう一つは、太郎が飼っているのは「犬」と「猫」の両方という解釈です。このような意味の違いは、文の中での単語の結びつき方によって作り出されます。このような文の内部構造のことを**統語構造**と呼びます。それぞれの解釈の統語構造を見てみましょう。前者の解釈は(38a)の統語構造と、後者の解釈は(38b)の統語構造と対応しています。

(38)　a.　　　　　　　　　　　　　　　　b.

下線部の3要素に注目すると、(38a, b)は単語同士の結びつき方に違いがあることがわかります。(38a)では、まず第一要素の「太郎」と第二要素の「犬」が結びつき、そのまとまりに第三要素の「猫」が結びついています。前の要素から順に、少しずつ大きな単位へとまとまっているわけです。これに対し(38b)では、第一要素の「太郎」はすぐ後ろの「犬」と直接は結びつきません。ここでは第二要素の「犬」と第三要素の「猫」がまず一つの単位を作り、そのまとまりと第一要素の「太郎」が結びついているのです。

　書き言葉では、(38a)の構造に対し「太郎の犬と、猫が逃げた」、(38b)に対しては「太郎の、犬と猫が逃げた」のように、読点(、)によって両者の違いを示すこともできますが、発音ではどうでしょうか。統語構造と意味、イントネーションの対応に気をつけて聞き比べてみましょう。

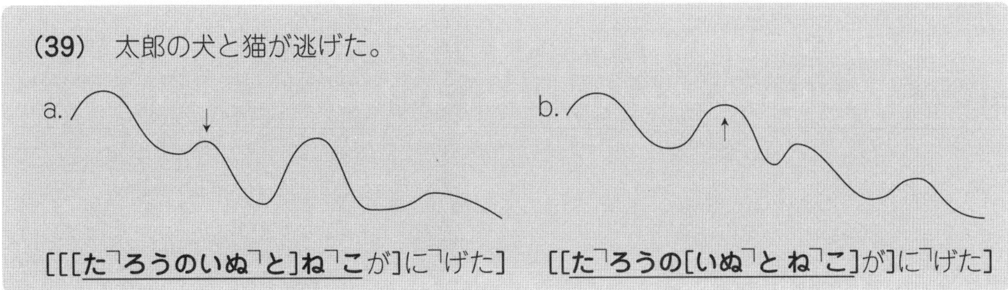

統語構造の違いが発音に反映されているのがわかります。(39a)では「太郎」(第一要素)と「犬」(第二要素)とが直接結びつき、統語的にまとまっているために、後部要素である「いぬ￢」のアクセントが抑えられ、この2要素間に、(12a)のイントネーションが現れます。このまとまりが「猫」と結びつき、その結果、(39a)のイントネーションが現れるのです。

これに対し(39b)では、第一要素の「太郎」と第二要素の「犬」が、直接結びついていません。この二要素が結びつくより先に「犬」(第二要素)と「猫」(第三要素)が結びつき、「犬と猫」というまとまりができています。その結果、「た￢ろう」で下がったピッチが、「い￢ぬ」の2拍目でふたたび大きく上昇します。これによって「別のまとまりが始まった」ということがわかるのです。続く「いぬ￢」(第二要素)と「ね￢こ」(第三要素)は統語的にまとまっているため、その中での前部要素「いぬ￢」が後部の「ね￢こ」のアクセントを抑え、結果として「い￢ぬと￢ねこが」の部分で(12a)のイントネーション型が作り出されるのです。

以上の話をまとめると、一つの文の中で隣り合う2要素が統語的にまとまっていれば、発音上もなめらかに結びつき、反対に2要素が統語的に結びついていなければ、ピッチの再上昇によって、2要素が別々のまとまりであることが示されるのです。このように、ピッチの大きな上昇が、書き言葉の読点(、)と同じ役割を果たしています。統語構造の違いが、実際にイントネーションの違いとなって現れているのです。このことを理解した上で(40)〜(42)のペアを発音してみましょう。

(40)　a. [温かいコーヒーと]パン

　　　b. 温かい[コーヒーとパン]

　　　(温かい＝あたたか￢い、コーヒ￢ー、パ￢ン)

(41) a. ［あなたの歌と］ピアノ

b. あなたの［歌とピアノ］

（あな￢た、歌＝うた￢、ピアノ￣）

(42) a. ［ハンサムな兄と］弟

b. ハンサムな［兄と弟］

（ハ￢ンサム、兄＝あ￢に、弟＝おとうと￢）

　さらに大きな単位について考えてみましょう。(43)の下線部分に注目して下さい。「先週」という単語が何を修飾するか（何と結びつくか）によって、(43a, b)の二つの解釈が可能です。なお「先週」、「もらった」、「さいふを」、「なくした」はすべて平板型です。

T18　2:44

(43)　先週もらった財布をなくした。

a.

［［せんしゅう もらった］さいふを］なくした

b.

せんしゅう［［もらった さいふを］なくした］

　(43a)は、「先週」が後ろの「もらった」を直接修飾しています。これに対し(43b)は、「先週」が文末の「なくした」を修飾する統語構造です。つまり、(43a)では「財布をもらった」のが先週であり、一方の(43b)では、「財布をなくした」のが先週という意味の違いがあります。このような修飾関係（統語構造）の違いが、イントネーションにもはっきりと現れています。(43a)では修飾関係にある「せ￢んしゅう」と「も￢らった」のピッチがなめらかに結びつき、「せ￢んしゅうもらった」となりますが、(43b)ではこの2要素が別のまとまりに属しているので、「せ￢んしゅう」と「も￢らった」がまとまらず、第二要素の「も￢らった」の「も」から「ら」にかけてピッチがはっきりと上昇しています。このピッチの上昇によって、隣り合う「先週」と「もらった」が、統語的に別のまとまりであることが示されるわけです（ピッチが上昇する直前にポーズが入ることもあります）。

　また、助詞の違いによって統語構造が（したがってイントネーションも）変わる場合があります。次の二つの文を特に下線部の統語構造とイントネーションの違いに気をつけて発音してみましょう。

> **(44)** a. <u>ドイツの音楽</u>を毎日聴いた。
>
> b. <u>ドイツで音楽</u>を毎日聴いた。

　　　　（ドイツ＝ド￢イツ、音楽＝お￢んがく、毎日＝ま￢いにち、聴く＝き￢く）

助詞の「の」と「で」の違いによって、それぞれ(45)のような統語上の関係が作り出されています。

(45) a. [[ドイツ<u>の</u>音楽を]毎日聴いた]

b. [ドイツ<u>で</u>[音楽を毎日聴いた]]

ここでも、(39)や(43)と、まったく同じ現象（げんしょう）がみられます。(44a)の場合、助詞の「の」によって「ドイツ」が「音楽」を直接修飾し、意味的な（そして統語的な）まとまりが作り出されます。したがって、この2要素の中での前部要素「ド￢イツ」によって後部要素「お￢んがく」のアクセントが抑えられます。これに対し(44b)では「ドイツ」が「音楽」を直接修飾せず、この隣り合う2要素が句としてまとまらないので、「お￢んがく」のところでピッチがもう一度大きく立て直されます。

　このように、3語以上からなる句や文では、統語構造がイントネーションを左右します。文の中で隣り合う2要素が修飾関係にあるなど統語的に直接結びついていれば、その部分が発音上まとまり、反対に、隣り合う2要素が別のまとまりに属していたら、その間で統語的な溝（みぞ）ができ、発音上もそこで分離（ぶんり）します。つまり、文の構造を意識して単語をまとめていけば、正しいイントネーションが現れ、その結果、言いたいことが聞き手にわかりやすく伝えられるのです。

 練習問題

1. 次の２種類の文を太字の部分に注意して発音し分けてみましょう。また、な
ぜ発音が異なるか考えてみましょう。

1) a. **先週、宿題**をわすれた。

   b. **先週の宿題**をわすれた。

   （先週＝せんしゅう、宿題＝しゅくだい、忘れる＝わすれる）

2) a. **ちゃんと座って**食べなさい。［立って食べている子供に］

   b. **ちゃんと座って**食べなさい。［座っているが、片ひざを立てて食べている子供に］

   （ちゃんと、座る＝すわる、食べる＝たべる）

2. 次の例は童話やテレビなどでよく聞かれる言葉です。単語の結びつき方に注
意して、発音してみましょう。

1)　　［A　　　　　B］　C

   a. ［不思議の　　国の］アリス　（不思議＝ふしぎ、国＝くに、アリス）

   b. ［青い　　　　目の］人形　　（青い＝あおい、目＝め、人形＝にんぎょう）

2)　　A　　　［B　　　　　C］

   a. 六甲の　　［おいしい　　水］　（六甲＝ろっこう、おいしい、水＝みず）

   b. みにくい ［あひるの　　子］　（みにくい、あひる、子＝こ）

4.7　文末のイントネーション

　文末のイントネーションにはいろいろな種類があり、その使い分けによって話者がその文をどのような意図で言っているかを、聞き手に伝えることができます。もっとも身近な例が、4.1.1節で見た疑問を表すときの上昇のイントネーションです。これ以外にも、日本語にはさまざまな文末のイントネーションがあります。ここでは文末に「ね」や「よ」という**文末詞**がついた場合と、何もつかない場合の代表的なイントネーションについて学びましょう。

4.7.1　文末イントネーションの型

　文末でのイントネーションは、ピッチが上がるか(上昇)、下がるか(下降)、あるいはそのままの高さを保つか(平調)の三つの型があります。上昇や下降というピッチの変化とその組み合わせによって、話者は自分の意図することを言い分けることができるのです。大まかに見ると、「上昇」のイントネーションは話者の働きかけや期待が聞き手に向けられている場合が多く、反対に「下降」のイントネーションは話者自身の感情や認識を表している場合が多いと言えます。(46)にその代表的な型と意味を示します。

(46)　a.　上昇　　　　↗　　　呼びかけ(聞き手に注意を求める)

　　　　b.　疑問上昇 ↗　　　問いかけ(聞き手に答えや対応を求める)

　　　　c.　下降　　　　↘　　　言い切り(自分の感情を表す)

　　　　d.　上昇下降 ↗↘　　呼びかけ(上記 a.)＋自分の感情(上記 c.)

　(46a)はピッチが急に短く上昇する型で、これによって聞き手に注意や注目を求め、自分の持っている情報を聞き手にそのまま伝えることができます。また、軽快で元気のよい調子を表すこともできます。同じ上昇でも(46b)は、ピッチをゆっくりと大きく上昇させる型で、おもに疑問文などに使われます。文末の拍が長く伸ばされやすくなり、これによって聞き手に何らかの答えや対応を求めることができます。(46c)は反対に、ピッチを下げる型で、おもに話者の感情(驚き、落胆、不満など)が現れます。(46d)は一度ピッチを上昇させた後に下降させるもので、(46a)と(46c)が結びついた型と解釈できます。意味も(46a, c)が結びついたもので、話者自身の感情を呼びかけとともに表すことで、自分の感情を聞き手の方に向けることができるのです。これによって、聞き手

に何かを促したり、感嘆や甘えなどの感情を伝えることができます。(46b)と同じよう
に、文末の拍が伸ばされる傾向にあります。

「あな⌐た」という単語で終わる文を例にして、(46a〜d)にあげたイントネーションを
練習してみましょう。(47a)は、傘を忘れた「あなた」にこちらを振り向いて気づいて
ほしいときの発音、また(47b)は、財布を落としたのが「あなた」かどうか答えを求め
る場合の発音です。一方(47c)は絵を描いたのが「あなた」と知って驚いたり意外だっ
たりした場合に、また(47d)は、なかなか起きない「あなた」に対して呼びかけととも
にイライラした気持ちを込めた場合に使うイントネーションです。(47d)は、ごく親し
い人に向けられた発話で、少し甘えたような感情も加わります。

T19　0:01

(47)　a. ちょっとそこの**あなた**↗。傘を忘れていますよ。

　　　　　（ちょ⌐っと、そこ、傘＝か⌐さ、忘れる＝わすれる）

　　　　b. あのう、この財布落としたの、**あなた**↗?

　　　　　（財布＝さいふ、落とす＝おと⌐す、あな⌐た）

　　　　c. あっ、そう。この絵を描いたの**あなた**↘。

　　　　　（絵＝え⌐、描く＝か⌐く）

　　　　d. ちょっと**あなた**↘。もういい加減に起きて下さいよ。

　　　　　（ちょ⌐っと、も⌐う、いい加減に＝いいかげんに、起きる＝おき⌐る）

4.7.2　文末詞「よ」「ね」のイントネーション

(46)のイントネーションが文末詞と結びついた場合を考えてみましょう。まず、日本
語で大変よく使われる文末詞、「よ」と「ね」の意味を整理してみます。次の文を発音し
てみて下さい。

T19　0:36

(48)　a. とてもすばらしい映画でした**よ**↗。

　　　　b. とてもすばらしい映画でした**ね**↗。

T19　0:51

(49)　a. このコーヒー、ちょっと苦い**よ**↗。

　　　　b. このコーヒー、ちょっと苦い**ね**↗。

四つの文はすべて、(46a)の上昇イントネーションで発音されています。ところが、「よ」の使われる(48a)、(49a)と、「ね」の使われる(48b)、(49b)とでは意味が異なります。(48a, b)の発せられた状況を考えてみましょう。

(48a)はたとえば、今評判の映画を観に行きたい聞き手、あるいはその映画を見逃した聞き手に対して、それをすでに観た話者が話しかけているという場面が考えられます。これに対し(48b)は、二人とも観た映画ついて、話者が聞き手に話しかけていると考えられます。(48a, b)は、「とてもすばらしい映画でした」という情報に対する話者と聞き手の立場が大きく違っているのです。(48a)では、話者は映画を観ているのに対し、聞き手は観ていません。一方、(48b)では、両者とも映画を観ています。つまり、(48a)の「よ」が使われる場合、「とてもすばらしい映画でした」という情報を知っているのは話者だけであり、一方(48b)の「ね」が使われる場合には、その情報を話者と聞き手が共有していると話者が確信しているということになります。

(49)のペアもまったく同じです。「このコーヒーが苦い」ことを知っているのは(49a)では話者のみ、(49b)では話者と聞き手の両方です。「よ」と「ね」の意味をまとめると次のようになります。

●「よ」と「ね」の意味

(50)　a.「よ」：話者の感情や判断を聞き手に伝える。聞き手に新情報を与える。

　　　（自分だけがその情報を持っていると話者は感じている）

　　　b.「ね」：話者の認識について聞き手に確認したり同意を求める。

　　　（聞き手もその情報を持っていると話者は感じている）

このような意味を持つ文末詞とイントネーションとが結びつくと、それぞれ次のような意味が現れます。まず、「よ」の場合、この文末詞に(46a)のイントネーションが加わると、(51)のように、単に情報を聞き手に伝える発音になります。これによって、聞き手に呼びかける感じが出てきますし、軽快な感じも加わります。先ほどの(48a)、(49a)の発話もこれと同じタイプです。

T19　1:06

(51)　よ＋上昇 ↗：聞き手への呼びかけ、軽快さ

　　　a. もう8時だよ↗。子供は早く寝なさい。

　　　（8時＝はち￢じ）

　　　b. 道が凍ってるよ↗。気を付けて歩くんだよ↗。

　　　（凍る＝こおる￣、歩く＝ある￢く）

c. このチーズ、**おいしいよ**↗。食べてごらん。

（おいしい）

c. このチーズ、**おいしいよ**↗。食べてごらん。

（おいしい）

d. そんなに時間がかかるなら、行くのは**いやだよ**↗。

（いや⌐だ）

　また、(46b)の疑問上昇のイントネーションで発音されると、(51)の「自分が知っている情報を聞き手に知らせる」という意味の上に、(52)のように、さらにそれに応じた行動を聞き手に求めるという意味が加わります。

T19　1:29

(52)　よ＋疑問上昇↗：聞き手への問いかけ

　　a. もう8時だよ↗。子供は早く寝なさい。

　　　（8時＝はち⌐じ）

　　b. 道が**凍ってるよ**↗。気を付けて**歩くんだよ**↗。

　　　（凍る＝こおる、歩く＝ある⌐く）

c. このチーズ、**おいしいよ**↗。食べてごらん。

（おいしい）

d. そんなに時間がかかるなら、行くのは**いやだよ**↗。

（いや⌐だ）

　これに対し、「よ」に(46c)の下降（↘）のイントネーションが加わると、話者と聞き手の認識や意見が食い違っていることが強調されます。そして、食い違っている内容（「よ」の直前部分）が強調され、その部分がとりわけ高いピッチとなります。この強調と「よ」の下降イントネーション（↘）によって、話者は聞き手との意見の食い違いと、それに対する自分の「驚き、落胆、不満」などの感情を表すことができます。また、ときには(53b)のように、話者の感情だけを表す場合もあります。いずれにせよ、文末詞「よ」の意味に加え、(46c)のイントネーションの意味が反映されるのです。

T19　1:51

(53)　よ＋下降↘：話者と聞き手との間の情報の食い違い＋話者の感情

　　a. 約束の時間は**8時ですよ**↘。あんなに確認したじゃないですか↘。

　　　（8時＝はち⌐じ）

b. あっ、道が**凍ってるよ**↘。**転んじゃうよ**↘。

   （凍る＝こおる、転ぶ＝ころぶ）

c. えっ、この料理がまずい？**そんなことないよ**↘。**おいしいよ**↘。

   （おいしい）

d. こんなところで歌うなんて**いやだよ**↘。**はずかしいよ**↘。

   （いや⌐だ、はずかし⌐い）

　「よ」が(46d)の上昇下降(↘)のイントネーションによって発音されると、(54)のように、話者の感情について聞き手に呼びかける感じが現れます。

T19　2:17

(54)　　よ＋上昇下降 ↘：話者の感情＋聞き手への呼びかけ

a. 約束の時間は**8時ですよ**↘。あんなに確認したじゃないですか。

   （8時＝はち⌐じ）

b. えっ、この料理がまずい？**そんなことないよ**↘。**おいしいよ**↘。

   （おいしい）

c. こんなところで歌うなんて**いやだよ**↘。**はずかしいよ**↘。

   （いや⌐だ、はずかし⌐い））

(53)の下降イントネーションでは、おもに話者の感情が表され、聞き手が返答しにくくなります。これに対し、(54)のように上昇のイントネーションが加わり、上昇下降(↘)となると、聞き手が返答しやすくなります。つまり、(54)は(53)の発音に比べ、聞き手に何かを頼んだり、許しをもらったり、甘えたりするときのような、やわらかい感じが加わるのです。

　次に「ね」について見ましょう。「ね」の持つ意味に、(46a〜d)のイントネーションが加わると、次のような意味が現れます。まず、「ね」に(46a)の上昇(↗)のイントネーションが加わると、軽い調子となり、(55)のように聞き手に確認する意味が現れます。

T19　2:48

(55)　　ね＋上昇 ↗：聞き手への確認、軽い調子

a. 今度、会えるのは**秋だね**↗？

   （今度＝こ⌐んど、会え⌐る、秋＝あ⌐き）

b. 君も、もちろん**行くね**↗？

(君＝き＿み、行く＝い＿く)

c. この本、本当に**面白いんだね**↗？

(本＝ほ￢ん、本当に＝ほんとうに、面白い＝おもしろ￢い)

　同じ上昇でも、「ね」に(46b)の疑問上昇(♪)のイントネーションが加わると、(56)の
ように、話者は自分の認識や感想が聞き手と一致しているかどうかを聞き手に確認し、
返事を求めていることになります。この場合、「ね」が長く発音される傾向があります。

T19　3:12

(56)　ね＋疑問上昇♪：聞き手への確認、返答を求める

　　　a. 今度、お会いするのは**秋ですね**♪？

　　　　(今度＝こ￢んど、お会いする、秋＝あ￢き)

　　　b. **君も行くね**♪？

　　　　(君＝き＿み、行く＝い＿く)

　　　c. みんなが読んでるから、この本、**面白いんだね**♪？

　　　　(みんな￢、読む＝よ￢む、本＝ほ￢ん、面白い＝おもしろ￢い)

　一方、(46c)の下降(↘)のイントネーションが加わると、聞き手への働きかけという
よりは、むしろ(57)のように話者自身の認識が現れる傾向にあります。(53)の「よ」の
場合と同じく、このイントネーション型では「ね」の前に話者の驚きや落胆などの感情
を表す表現が来ることが多いので、その部分が強調されて発音されるのです。

T19　3:36

(57)　ね＋下降↘：話者の驚き、落胆、不満

　　　a. まだ夏かと思ってたけれど、もう**秋だね**↘。

　　　　(夏＝なつ￢、思う＝おも￢う、秋＝あ￢き)

　　　b. この本は、意外と**面白いんだね**↘。

　　　　(本＝ほ￢ん、意外と＝いがいと、面白い＝おもしろ￢い)

　　　c. 「来る」って言ってたのに、なかなか**来ないね**↘。

　　　　(来る＝く￢る、言う＝いう、なかなか)

　最後に、(46d)の上昇下降(◞)のイントネーションが「ね」に加えられると、(58)のように話者の感想が強く聞き手にも伝えられ、話者の感嘆の気持ちが現れてきます。この場合、「ね」の部分が長く伸ばされるので、しばしば「ねえ」のように2拍(2文字)で表記されます。

(58)　ね＋上昇下降◞：話者の感嘆＋聞き手への働きかけ

　　　a. 葉っぱが赤くなってる。**秋だねえ**◞。

　　　　（葉っぱ＝はっぱ、赤い＝あかい、秋＝あ￢き）

　　　b. 本当に、あの人の考えることは**面白いねえ**◞。

　　　　（あの人＝あの￢ひと、考える＝かんがえ￢る、面白い＝おもしろ￢い）

　　　c. さっきから30分も待ってるのに、バスが**来ないねえ**◞。

　　　　（さ￢っき、30分＝さんじゅ￢っぷん、待つ＝ま￢つ、バ￢ス、来る＝く￢る）

　このように、文末のイントネーションを変化させることによって文全体の意味が少しずつ変わり、聞き手へ伝わる意味も微妙に違ってくるわけです。

練習問題

1. 次の二つの「来ましたか」は、どのような意図で話されているでしょう。話者の意図を下の(a，b)から選んで下さい。

　1)　来ましたか。

　2)　来ましたか。

　　　a.　ある人が来たかどうか知りたいので質問している。

　　　b.　ある人が来たと告げられて、独り言を言っている。

2. 次の漫画の2種類の「ごかいですよ」を、イントネーションの違いに注意して発音してみましょう。なお、「5階」も「誤解」もアクセントは「ごかい」です。

　1)　ごかいですよ　　　　　　［5階ですよ］

　2)　ごかいですよ　　　　　　［誤解ですよ］

©植田まさし『すっから母さん』

● 読書案内

イントネーションの現れ方や機能は[1]にうまくまとめられています。

[1]　郡史郎（1997）「日本語のイントネーション—型と機能—」（杉藤美代子監修『アクセント・イントネーション・リズムとポーズ』（日本語音声2））三省堂.

また、フォーカスとイントネーションの関わりについて、詳しく知りたい人は[2][3]を参考にするとよいでしょう。

[2]　郡史郎（1989）「強調とイントネーション」（杉藤美代子編『日本語の音声・音韻（上）』（講座「日本語と日本語教育」第2巻））明治書院.

[3]　郡史郎（1997）「当時の村山首相の2つの意味と2つの読み—名詞句の意味構造とアクセントの弱化について」（音声文法研究会編『文法と音声』）くろしお出版.

「は」と「が」の文法的説明については[4][5]に詳しく書いてあります。

[4]　野田尚史（1985）『はとが』（日本語文法セルフマスターシリーズ1）くろしお出版.

[5]　野田尚史（1996）『「は」と「が」』（新日本文法選書1）くろしお出版.

さらに、**統語構造とイントネーション**との関わりについては[6]に詳しく書かれています。

[6]　窪薗晴夫（1995）『語形成と音韻構造』くろしお出版.

最後に、**文末詞と文末イントネーション**についてもっと知りたい人は[7][8]を読むことを奨めます。

[7]　小山哲春（1997）「文末詞と文末イントネーション」（音声文法研究会編『文法と音声』）くろしお出版.

[8]　片桐恭弘（1997）「終助詞とイントネーション」（音声文法研究会編『文法と音声』）くろしお出版.

● 解答 ●

第1章　母音と子音

●練習問題　p. 4

1. a. ［a］（有声音）　　　b. ［b］（有声音）　　　c. ［t］（無声音）

d. ［z］（有声音）　　　e. ［i］（有声音）　　　f. ［m］（有声音）

g. ［s］（無声音）

●練習問題　p. 14

2. a. アクセント（akusento）　　　b. スピーチ（supiitʃi）

c. デスク（desuku）　　　d. スピード（supiido）

e. シート（ʃiito）　　　f. シーツ（ʃiitsu）

3. a. 稲刈り － 稲穂　　　b. 上 － 上着　　　c. 金田 － 金井［人名］

d. 胸 － 胸毛　　　e. 木 － 木陰　　　f. 船 － 船乗り

●練習問題　p. 30

4. a. ぴき：1匹、6匹、8匹、10匹

ひき：2匹、4匹、5匹、7匹、9匹

びき：3匹

b. ぱつ：1発、3発、6発、8発、10発

はつ：2発、4発、5発、7発、9発

ばつ：（なし）

c. ぽん：1本、6本、8本、10本

ほん：2本、4本、5本、7本、9本

ぼん：3本

d. ぱく：1泊、3泊、6泊、8泊、10泊

はく：2泊、4泊、5泊、7泊、9泊

ばく：（なし）

●練習問題　p. 37

1.　1）ハネムーン　あのカップルも　（c. みなローン）

　　2）ロケットで　（b. 試験ない国）　行きたいな

　　3）（c. んんんんと）　言ってばかりの　お父さん

●練習問題　p. 46〜47

1.　1）a. あなたは、はっきりと（思想）を語るべきです。

　　　b. あなたは、はっきりと（真相）を語るべきです。

　　2）a. ちょっと（兄さん）、質問してもいいですか。

　　　b. ちょっと（二三）、質問してもいいですか。

　　3）a. 残念だったねえ。（紹介）するのが遅かったようだ。

　　　b. 残念だったねえ。（消火）するのが遅かったようだ。

　　4）a. （事件後）、やっと真実を確認した。

　　　b. （実験後）、やっと真実を確認した。

　　5）a. 夢の中で、（キリン）に囲まれていました。

　　　b. 夢の中で、（霧）に囲まれていました。

　　6）a. （遺体）、どこで見つかったんですか。

　　　b. （いったい）、どこで見つかったんですか。

　　7）a. これを（今日中）に届けていただけませんか。

　　　b. これを（教授）に届けていただけませんか。

2.　a. 岡　　　（おか）→（かお）　　　［4）顔］

　　b. 貝　　　（かい）→（いか）　　　［6）いか］

　　c. ロード　（ロード）→（どうろ）　［1）道路］

　　d. 昆布　　（こんぶ）→（ぶんこ）　［3）文庫］

　　e. さっと　（さっと）→（とっさ）　［2）とっさ］

　　f. 焼いた　（やいた）→（たいや）　［5）タイヤ］

●練習問題　p. 53

1.　1）ラジカセ（<u>ラジ</u>オ<u>カ</u>セット）　　2）ハンスト（<u>ハン</u>ガー<u>スト</u>ライキ）

　　3）立て看（立て<u>看板</u>）　　　　　4）ポケベル（<u>ポケ</u>ット<u>ベル</u>）

　　5）留守電（留守番電話）　　　　6）合コン（<u>合同</u>コンパ）

　　7）パリコレ（<u>パリ</u>コレクション）

　　8）パソコン（<u>パーソ</u>ナル<u>コン</u>ピュータ）

　　9）ファミコン（<u>ファミ</u>リー<u>コン</u>ピュータ）

　　10）ダントツ（<u>断然</u><u>トッ</u>プ）

第3章　アクセント

●練習問題　p. 62

1.　a. トマトが　　　　　　b. こどもが

　　c. むすめが　　　　　　d. やきゅうが

2.　a. カメラ　　　　　　　b. カメラ

　　c. カメラ　　　　　　　d. カメラ

3.　●「高高」の連続で発音されてもよいものは b. と c.

　　a. かわが　　　　　　　　b. だいがくが ～ だいがくが

　　c. もうけが ～ もうけが　　d. テレフォンカードが

●練習問題　p. 74

1.　1）で￢んき　　＋　じど￢うしゃ　→　でんきじどうしゃ

　　2）きょ￢う　　＋　ことば￢　　　→　きょうことば

　　3）か￢がく　　＋　けんきゅうじょ　→　かがくけんきゅうじょ

　　4）a. テ￢レビ　＋　きょ￢く　　→　テレビきょく

　　　　b. ゆうびん　＋　きょ￢く　　→　ゆうびんきょく

　　5）a. どろぼう　＋　ね￢こ　　　→　どろぼうねこ

　　　　b. ね￢こ　　＋　どろぼう　　→　ねこどろぼう

●練習問題　p. 79

1. a. こわ⌐い　こ⌐わく　こ⌐わかった　こ⌐わくて　こ⌐わければ

   b. あかい　あかく　あか⌐かった　あか⌐くて　あか⌐ければ

2. a. なまぬる⌐い　　　　　　　b. こころやさし⌐い

   c. ちからづよ⌐い　　　　　　d. まんまる⌐い

●練習問題　p. 84

1. a. もらう　もらわない　もらった　もらって　もらえ⌐ば

   b. いそ⌐ぐ　いそが⌐ない　いそ⌐いだ　いそ⌐いで　いそ⌐げば

2. a. かいわすれ⌐る　　　　　　b. あそびつかれ⌐る

   c. いいまちがえ⌐る　　　　　d. ひびわれ⌐る

●練習問題　p. 88

1. a. 赤から青へ：あ⌐かから⌐あ⌐おへ

   b. 黄色から赤へ：き⌐いろからあ⌐かへ

   c. わたしの研究のテーマ：わ⌐たしのけんきゅうのテ⌐ーマ

2. a. あ⌐な⌐たのが⌐っこうが　　　b. ま⌐ちのがっこうへ

   c. お⌐んがくが⌐っこうを　　　d. ひ⌐ろ⌐いが⌐っこうから

   e. あ⌐そべるがっこうと　　　f. あ⌐かるいがっこうは

第4章　イントネーション

●練習問題　p. 102

1. 1) a. **速く**　歩いた　　　　b. 速く　**歩いた**

   2) a. ひろみの　**目が**　好きだ　　b. **ひろみの**　目が　好きだ

●練習問題　p. 107

1. 1) a.　　　2) b.

2. 1) b. 　　　 2) a.

3. 1) わたし [は] 伊藤です。　 a.

　　2) わたし [が] 伊藤です。　 b.

●練習問題　p. 110

1. 1) どこ (か) 散歩しますか？　b.

　　2) どこ (を) 散歩しますか？　a.

　　3) いつ (に) しますか？　a.

　　4) いつ (か) しますか？　b.

●練習問題　p. 118

1. 1) a.

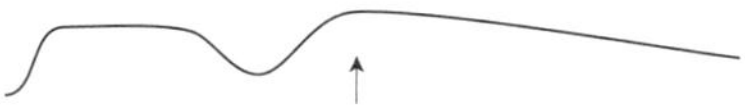

せんしゅうしゅくだいをわすれた。

b.

せんしゅうのしゅくだいをわすれた。

2) a.

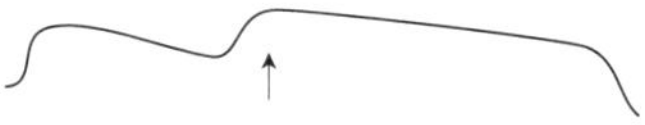

ちゃんとすわってたべなさい。

b.

ちゃんとすわってたべなさい。

2.

1) a.

[ふしぎのくにの]アリス

b.

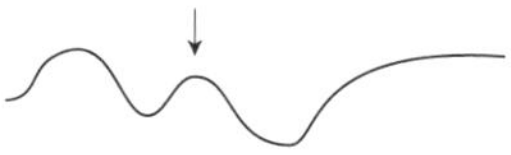

[あおいめの]にんぎょう

2) a. 
ろっこうの［おいしいみず］

b. 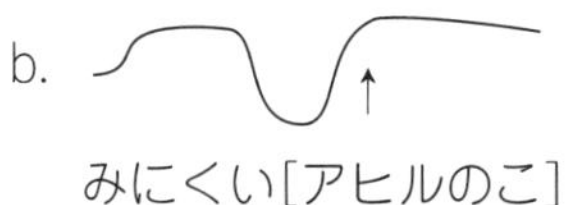
みにくい［アヒルのこ］

●練習問題　p. 126

1. 1) 来ましたか。　b.

2) 来ましたか。　a.

著者紹介

田中真一（たなか・しんいち）

1970 年 名古屋市生まれ
1994 年 大阪外国語大学日本語学科卒業
1996 年 大阪外国語大学大学院修士課程日本語学専攻修了
2006 年 神戸大学大学院博士課程修了（2006 年 博士（文学））
長崎総合科学大学工学部、神戸女学院大学文学部を経て、
現在、神戸大学大学院人文学研究科・教授

主な著書・論文
『リズム・アクセントの「ゆれ」と音韻・形態構造』（くろしお出版 2008）
「大阪方言の漢語式保存と『一語性』」（『漢語の言語学』くろしお出版 2010）
「日本語におけるソノリティー階層と音節形成」
（『レキシコン・フォーラム 3』 ひつじ書房 2007）

窪薗晴夫（くぼぞの・はるお）

1957 年 鹿児島県生まれ
1979 年 大阪外国語大学英語学科卒業
1981 年 名古屋大学大学院博士課程前期修了
1983 年〜 86 年 エジンバラ大学大学院留学（1988 年 Ph.D.）
1994 年〜 95 年 カリフォルニア大学客員研究員
南山大学外国語学部、大阪外国語大学（現大阪大学外国語学部）、神戸大学文
学部を経て、人間文化研究機構・国立国語研究所教授（〜 2022 年 3 月）。
神戸大学および国立国語研究所 名誉教授

主な業績
『The Organization of Japanese Prosody』（くろしお出版 1993）
『語形成と音韻構造』（くろしお出版 1995）
『音韻構造とアクセント』（共著 研究社 1998）『日本語の音声』（岩波書店 1999）
『ネーミングの言語学』（開拓社 2008）『通じない日本語』（平凡社 2017）
『一般言語学から見た日本語のプロソディー』（くろしお出版 2021）
『一般言語学から見た日本語の語形成と音韻構造』（くろしお出版 2023）

日本音楽著作権協会（出）許諾 9907505-313

<table>
<tr><td>

にほんご　はつおんきょうしつ
日本語の発音教室
りろん　れんしゅう
理論と練習

Introduction to Japanese

Pronunciation

Theory and Practice

1999 年 10 月 1 日第 1 刷発行
2023 年 12 月 19 日第 13 刷発行

</td><td>

監修　窪薗晴夫

著者　田中真一・窪薗晴夫

発行者　岡野秀夫

発行　くろしお出版
〒 102-0084
　東京都千代田区二番町 4-3
　TEL. 03 − 6261 − 2867
　FAX. 03 − 6261 − 2879

印刷　シナノ書籍印刷／装幀　斉藤愛子

©SHIN'ICHI TANAKA / HARUO KUBOZONO 1999

</td></tr>
</table>

ISBN978-4-87424-176-9 C3081

新・シャドーイング 日本語を話そう 初〜中級編

英語・中国語・韓国語訳版
インドネシア語・タイ語・ベトナム語訳版

斎藤仁志・深澤道子・掃部知子・酒井理恵子・中村雅子・吉本恵子【共著】

2006 年の初版刊行以来、多くの学習者や日本語教育機関に支持されてきた『シャドーイング日本語を話そう』初〜中級編を大幅改訂。時代に合ったトピック、会話スクリプト、教室では習わない新しい言葉を収録し、いまを生きるリアルな日本語が自然に身につく。自習にも最適。音声はウェブからダウンロード可。

● 定価＝¥1,540
● A5判 168頁
ISBN 978-4-87424-850-8 C2081
（英・中・韓版）
978-4-87424-858-4 C2081
（イ・タ・ベ版）

新・シャドーイング 日本語を話そう 中〜上級編

英語・中国語・韓国語訳版
インドネシア語・タイ語・ベトナム語訳版

斎藤仁志・深澤道子・掃部知子・酒井理恵子・中村雅子【共著】

人気シリーズ『シャドーイング 日本語を話そう 中〜上級』の新装版。対人関係に応じて練習できるスクリプトを、現代に合わせた内容や語彙を取り入れ、新しく大幅増量。雑談からビジネスシーンまでリアルな会話をどこからでも自由にたっぷり練習できる。音声は MP3 ダウンロード。全スクリプト、インドネシア・タイ・ベトナム語翻訳付き。

● 定価＝¥1,980
● A5判 216頁
ISBN 978-4-87424-899-7 C2081
（英・中・韓版）
978-4-87424-905-5 C2081
（イ・タ・ベ版）

シャドーイング 日本語を話そう
就職・アルバイト・進学面接編

英語・中国語・韓国語訳版
インドネシア語・タイ語・ベトナム語訳版

斎藤仁志・深澤道子・酒井理恵子・中村雅子【共著】

2016 年刊『シャドーイング 日本語を話そう！ 就職・アルバイト・進学面接編 [英語・中国語・韓国語訳版]』の、音声ダウンロード対応バージョン（付属 CD なし、内容の改訂なし）。面接トレーニングに必携。

● 定価＝¥1,980
● A5判
ISBN 978-4-87424-947-5 C0081
176 頁（英・中・韓版）
978-4-87424-946-8 C0081
184 頁（イ・タ・ベ版）

シャドーイングもっと話せる日本語 初〜中級編

古本裕美【編著】迫田久美子【監修】
シャドーイング教材作成チーム【著】

シャドーイング（聞いてすぐに声に出す）練習方法を用いて、短い会話から長い会話へ、相手によって使い分けができるようなワンランク上の会話力を身に付ける。楽しいトピックのモノローグとダイアローグをスクリプトに、習った日本語知識を実際に使えるように引き出すトレーニング。日本人とのコミュニケーションをより楽しく円滑に。英・中・ベトナム語翻訳付き。音声ダウンロード。

● 定価＝¥1,650
● A5判 160頁
ISBN 978-4-87424-952-9 C2081

ストーリーで覚える漢字300

英語・韓国語・ポルトガル語・スペイン語訳版
英語・インドネシア語・タイ語・ベトナム語訳版

ボイクマン総子・渡辺陽子・倉持和菜【共著】高橋秀雄【監修】

初級の学習漢字 300 全ての字形と意味を、オリジナルストーリー（イラスト付き）で覚えたあとに、読み・書き練習を導入することで、短期間で楽しく効果的に漢字学習ができると提案した、画期的な初級漢字学習教材。練習問題も熟語の意味推測やローマ字入力への対応など従来の教材にない練習を提案している。本文全てに翻訳付きで、自習にも最適。日本語能力試験の N5〜N4 相当の漢字にも対応。

● 定価＝¥1,890
● B5判 320頁（別冊 24頁）
ISBN 978-4-87424-402-9 C0081
（英・韓・ポ・ス版）
978-4-87424-428-9 C0081
（英・イ・タ・ベ版）

ストーリーで覚える漢字301-500

英語・韓国語・ポルトガル語・スペイン語訳版

ボイクマン総子・渡辺陽子・倉持和菜【共著】高橋秀雄【監修】

『ストーリーで覚える漢字300』の続編。初中級 200 漢字（日本語能力試験の N3〜N2 相当）の字形と意味をオリジナルストーリー（イラスト付き）で覚え、読み書き練習をすることで楽しく短期間に学習できる。前作本作を通して、初〜初中級漢字 500 字を網羅する。

● 定価＝¥1,890
● B5判 248頁（別冊 16頁）
ISBN 978-4-87424-481-4 C0081